Y CO... ?

RHYFEDD
A RHYFEDDOL

GAN KEV PAYNE

ADDASIAD
MARI GEORGE

CYNNWYS

TU MEWN

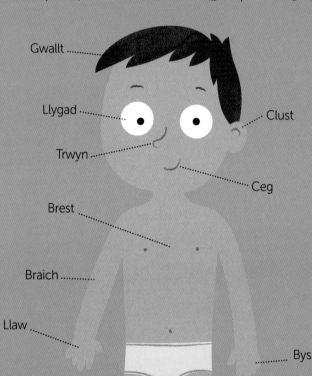

Gwallt

Llygad

Clust

Trwyn

Ceg

Brest

Braich

Llaw

Bys

Coes

Troed

Bys troed

Dy gorff

Mae gan dy gorff di wahanol rannau sy'n gwneud gwaith gwahanol, ond mae pob rhan yn cydweithio er mwyn i ti fwyta, cysgu, dysgu a chael hwyl.

Chwydu, gwneud pw, chwysu, a gwneud pi-pi
– mae systemau yn ein cyrff sy'n helpu pethau
i weithio'n rhwydd. Os dynni di'r croen yn ôl fe
weli di bopeth sydd tu mewn!

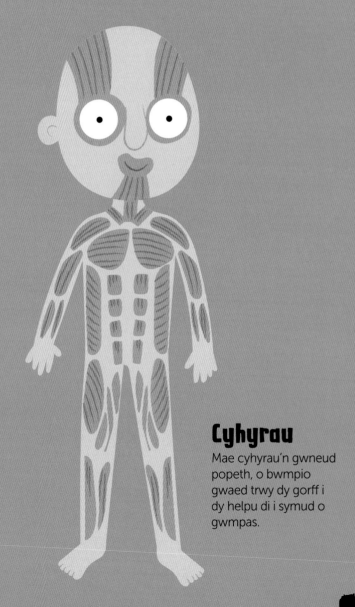

Cyhyrau

Mae cyhyrau'n gwneud
popeth, o bwmpio
gwaed trwy dy gorff i
dy helpu di i symud o
gwmpas.

ESGYRN AC ATI!

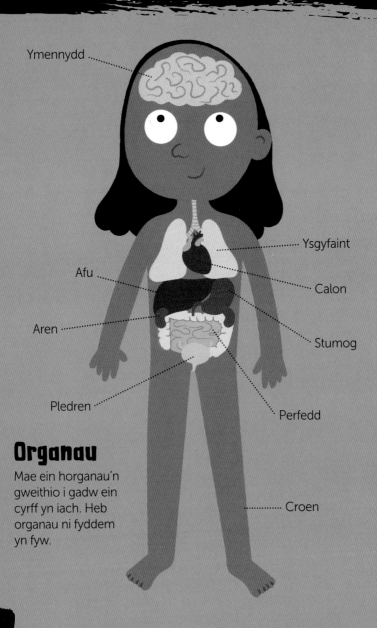

Ymennydd

Ysgyfaint

Afu

Calon

Aren

Stumog

Pledren

Perfedd

Organau

Mae ein horganau'n gweithio i gadw ein cyrff yn iach. Heb organau ni fyddem yn fyw.

Croen

O dan y cyhyrau mae nifer fawr o organau i'w gweld. Twria'n ddwfn ac fe ddoi di at dy sgerbwd.

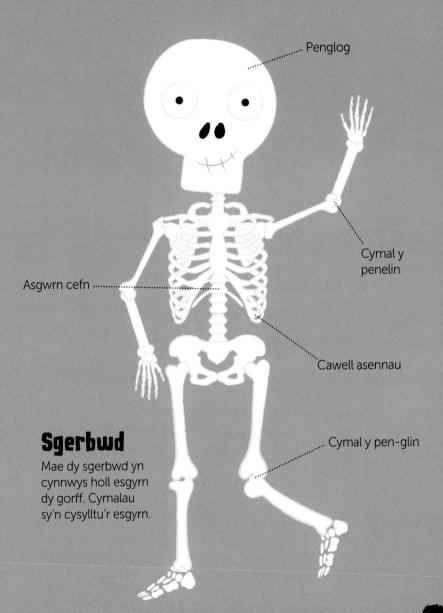

Penglog

Cymal y penelin

Asgwrn cefn

Cawell asennau

Cymal y pen-glin

Sgerbwd

Mae dy sgerbwd yn cynnwys holl esgyrn dy gorff. Cymalau sy'n cysylltu'r esgyrn.

POBL A'U PW!

Pw yw'r gwastraff sydd ar ôl wedi i ti dreulio dy fwyd ac amsugno'r maeth i dy gorff. Mae ansawdd, arogl a golwg dy bw yn newid yn ôl dy ddeiet a dy ffordd o fyw. Dyma ffeithiau am bw.

Darganfuwyd yr hyn a gredir yw'r pw dynol ffosiledig mwyaf yn y byd gan archaeolegwyr ym 1972. Mae'n 20 centimetr (8 modfedd) o hyd!!

Pam mai brown yw lliw pw?

Mae pw'n wyrdd i ddechrau ond mae'n newid i frown wrth basio trwy dy gorff. Gall dy bw fod yn lliwiau eraill, fel gwyrdd, melyn, coch, gwyn neu ddu. Mae'n dibynnu ar beth wyt ti wedi ei fwyta, a pha mor iach wyt ti.

Arnofio

Mae ambell bw'n gwrthod mynd
ar ôl i ti fflysio'r tŷ bach ac yn
mynnu arnofio. Os fwyti di
rywbeth sy'n creu gwynt
ychwanegol, gall hyn achosi i'r
pw godi i wyneb y dŵr.

Paent pw

Yn ôl y sôn, defnyddiodd yr
artist enwog, Pablo Picasso
ychydig o bw ei ferch yn un o'i
luniau. Fe'i defnyddiodd i
baentio afal.

PI-PI PAWB

Pisio, pasio dŵr neu bi-pi – beth bynnag rwyt ti'n ei alw, mae'n gymysgedd o ddŵr, halen a chemegau. Mae pi-pi, a gaiff ei greu yn yr arennau a'i storio yn y bledren, yn tynnu pethau diangen o dy waed. Beth am blymio mewn i'r môr o ffeithiau am bi-pi!

Pwy sydd eisiau bath?

Mae'r rhan fwyaf ohonom yn pasio dŵr rhwng chwech ac wyth gwaith y dydd. Ond gall yfed llawer o hylif, neu gymryd rhai meddyginiaethau wneud i ti fynd yn amlach. Mae person yn cynhyrchu tua 1.5 litr y dydd (2.6 peint) – digon i lenwi bath bob mis!

Diferyn o liw

Gall lliw ac arogl dy bi-pi ddibynnu ar nifer o bethau, fel yr hyn rwyt ti wedi ei fwyta, faint rwyt ti wedi yfed, a dy iechyd yn gyffredinol. Mae'r lliw fel arfer yn felyn golau, ond gall pi-pi fod yn wyrdd, oren neu las. Gall bwyta betys droi dy bi-pi'n binc!

Siapia hi, mae fy ffôn bron â marw.

Mae ymchwilwyr wedi dod o hyd i ffordd o droi pi-pi yn drydan. Ar hyn o bryd gellir ei ddefnyddio i roi pŵer i ffonau clyfar neu olau, ond mae tîm o ymchwilwyr yn datblygu ffyrdd o'i ddefnyddio i roi pŵer i geir trydan.

Beth sydd yn y pwll nofio?

Mae clorin yn gemegyn sy'n cael ei roi mewn pyllau nofio i helpu amddiffyn y dŵr rhag germau, ac mae'r arogl yn un cyfarwydd. Ond mewn gwirionedd, mae'r arogl yn dod o adwaith gemegol y clorin gydag olew, chwys a pi-pi y bobl yn y pwll.

11

CLEFYDAU CYFOGLYD

Mae clefydau'n rhwystro rhannau o'r corff rhag gweithio'n iawn. Mae canoedd o glefydau yn y byd a gellir trin rhai ohonyn nhw gyda meddyginiaeth. Dyma rai o'r clefydau mwyaf cyfoglyd y mae natur wedi eu creu.

Clefyd sy'n bwyta cnawd

Mae llid madreddol y ffasgell yn haint peryglus, prin iawn sy'n gallu niweidio a dinistrio croen, braster a meinwe yn gyflym iawn. Mae'n lledaenu'n gyflym ac yn fygythiad i fywyd. Gellir ei drin gyda gwrthfiotigau os caiff ei ddal yn gynnar ond weithiau rhaid torri breichiau neu goesau i achub bywyd person.

Clefyd Gwaed

Mae malaria'n glefyd heintus a achosir yn bennaf gan fosgitos sy'n ei ledaenu pan maen nhw'n cnoi pobl. Gall rai pobl gael malaria'n ysgafn ac eraill ei gael yn fwy difrifol. Gall derbyn triniaeth gywir helpu i wella'r clefyd ond mae malaria'n dal yn gyfrifol am 500,000 o farwolaethau'r flwyddyn drwy'r byd.

Clefyd Llynghyren Gini

Caiff clefyd llynghyren gini ei achosi gan yfed dŵr sy'n cynnwys larfau llynghyren gini. Caiff yr wyau eu lledaenu gan chwain. Nid oes symptomau cychwynnol ond, ar ôl blwyddyn, gallai'r cleifion ddatblygu twymyn a chwydd. Yna mae'r mwydod yn dod allan trwy bothelli poenus ar y croen.

TREULIO BWYD

Wrth dreulio bwyd mae ein cyrff yn torri a rhannu bwyd a diod fel ein bod yn cael maeth ac egni. Mae'r system dreulio'n mynd yr holl ffordd o'n ceg i'n pen ôl. Felly p'un ai wyt ti'n bwyta moron neu siocled, bydd y cwbl yn mynd i'r un lle yn y diwedd!

Stwff cryf

Mae'r asid yn ein stumog yn gorfod bod yn gryf iawn i dorri a rhannu'r holl fwyd yr ydym yn ei roi yn ein cegau! Caiff asidau eu mesur gan ddefnyddio lefelau PH sy'n mynd o 0 i 14, a 0 yw'r cryfaf. Mae asidau ein stumogau'n amrywio o 1 i 3 – digon pwerus i ddinistrio metel.

Gan fod leinin ein stumog yn cael ei ddyrnu o hyd gan asidau, mae ein cyrff yn creu leining newydd bob diwrnod neu ddau. Mae wedi ei wneud o fwcws sy'n debyg i'r stwff sy'n llifo o'n trwynau!

30 troedfedd o berfedd

Mae ein perfedd (y tiwbiau sy'n mynd o'n stumog i'n pen
ôl) wedi eu gwasgu'n daclus i'n cyrff. Pe byddem yn eu
hymestyn yn un llinell syth, bydden nhw'n rhyw 9 metr o
hyd (bron i 30 troedfedd). Tua'r un hyd â bws bach!

Taith i'r toiled

Mae'r amser mae'n ei
gymryd i dreulio dy fwyd yn
dibynnu ar beth rwyt ti wedi
ei fwyta. Unwaith mae'r
bwyd wedi ei chwalu a'i
lyncu, gallai hi gymryd
rhwng dau a phum diwrnod
cyn i ti ei weld eto yn dy bw.

DAN DRAED

Does rhyfedd bod traed yn drewi ac yn chwysu – maen nhw'n gweithio'n galed i gynnal yr holl gorff. Maen nhw'n dal chwarter holl esgyrn ein corff, ac fel olion bysedd, mae olion bysedd ein traed yn unigryw i ni gyd hefyd.

Arogl caws!

Weithiau mae pobl yn dweud bod traed yn drewi o gaws oherwydd y frwcsach gludiog sydd arnyn nhw. Yn Iwerddon yn 2013, cynhaliwyd arddangosfa o gaws go iawn wedi ei wneud o'r bacteria a gasglwyd rhwng bysedd traed pobl.

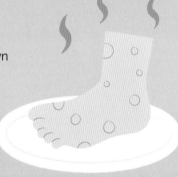

Traed Tew

Mae traed babi'n llawer mwy hyblyg na rhai oedolion, oherwydd nad yw esgyrn y traed wedi datblygu eto. Mae traed yn parhau i dyfu tan eich harddegau. Mae traed babis yn annwyl oherwydd bod y darn tew ar fwa'r droed yn gwneud iddyn nhw edrych yn grwn a chiwt. Mae'r darn tew yn diflannu unwaith i gyhyrau'r droed ddechrau datblygu.

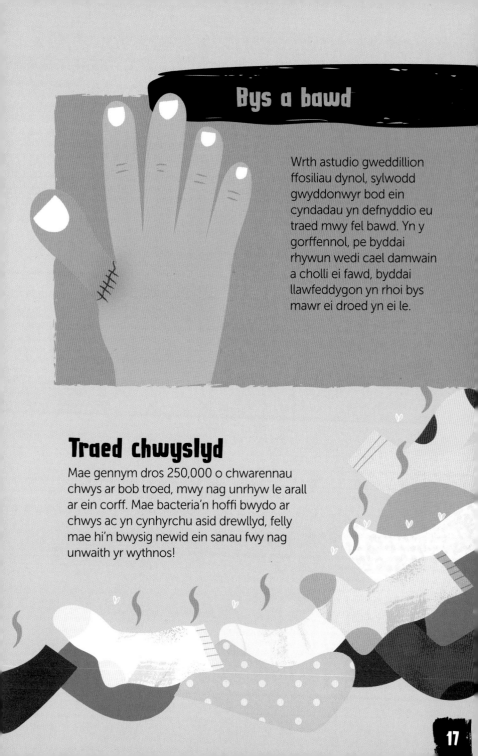

Bys a bawd

Wrth astudio gweddillion ffosiliau dynol, sylwodd gwyddonwyr bod ein cyndadau yn defnyddio eu traed mwy fel bawd. Yn y gorffennol, pe byddai rhywun wedi cael damwain a cholli ei fawd, byddai llawfeddygon yn rhoi bys mawr ei droed yn ei le.

Traed chwyslyd

Mae gennym dros 250,000 o chwarennau chwys ar bob troed, mwy nag unrhyw le arall ar ein corff. Mae bacteria'n hoffi bwydo ar chwys ac yn cynhyrchu asid drewllyd, felly mae hi'n bwysig newid ein sanau fwy nag unwaith yr wythnos!

CHWYS OER

Chwys yw ffordd y corff o gael gwared ar wlybaniaeth wrth ein hoeri ni. Pan rydym yn rhy boeth, mae'r chwys yn anweddu ar ein croen gan helpu i ostwng ein tymheredd. Mae wedi ei wneud yn bennaf o ddŵr ond mae hefyd yn cynnwys halen a chemegau eraill.

Gwenyn sychedig!

Mae gwenynen chwys yn cael ei denu at chwys pobl ac mae hyd yn oed yn ei yfed. Yr ymateb naturiol ydy taro'r gwenyn i ffwrdd ond gallai hyn eu hachosi i bigo. Os gwnei di grio, efallai y gwnaiff y gwenyn yfed dy ddagrau di hefyd!

Chwys drewllyd

Nid yw chwys ar ei ben ei hun yn drewi ond mae arogl yn cael ei gynhyrchu pan fydd yn adweithio gyda'r bacteria ar ein croen. Mae chwarennau chwys dros yr holl gorff, hyd yn oed yr amrannau.

Bwcedaid o chwys

Mae faint rwyt ti'n chwysu'n dibynnu ar nifer o ffactorau, fel dy oed, dy iechyd ac a wyt ti'n symud o gwmpas llawer neu beidio. Yn ystod awr o ymarfer corff, mae pobl yn chwysu tua 0.5 litr (0.9 peint) ond gall fod yn gymaint â 3 litr (5.3 peint).

Chwys llysieuol!

Casglwyd samplau o chwys gan bobl oedd yn llysieuwyr a'u cymharu gyda'r rheini oedd yn bwyta cig. Yna gofynnwyd i bobl arogli'r chwys a phenderfynu pa un oedd â'r arogl gorau. Dangosodd y canlyniadau bod chwys llysieuol lawer iawn yn fwy apelgar.

Gall chwysu llawer wneud iti deimlo'n sych y tu mewn, felly sicrha dy fod yn yfed digon o ddŵr.

19

CHWYDU

Chwydu yw ffordd y corff o geisio cael gwared ar rywbeth sy'n niweidiol neu annifyr. Gall fod yn broses normal a defnyddiol ond annymunol. Mae sawl rheswm dros chwydu, gan gynnwys gwenwyn bwyd, germau, neu hyd yn oed fynd yn rhy gyflym ar reid yn y ffair!

Cymysgedd

Mae chwd, neu gyfog, yn cynnwys cymysgedd o fwyd sydd wedi hanner ei dreulio, cemegau, a suddion stumog. Mae pobl yn aml yn rhyfeddu bod darnau o foron yn eu chwd hyd yn oed os nad ydynt wedi eu bwyta. Mae gwyddonwyr yn credu mai darnau o leinyn y stumog yw'r rhain.

Ydy hwnna'n glir?

Gwyn, melyn, gwyrdd neu oren – gall lliw dy chwd ddibynnu ar nifer o ffactorau, gan gynnwys beth rwyt ti wedi ei fwyta a ph'un ai oes salwch arnat – a pha salwch ydyw. Mae chwd clir fel arfer yn dod ar ôl i ti chwydu nifer o weithiau a does dim rhagor o fwyd yn dy stumog.

Dan y chwdwydr

Bydd yr heddlu'n astudio chwd os yw wedi ei adael ar safle o drosedd oherwydd gallai gynnwys gwybodaeth ddefnyddiol ynglŷn â'r hyn sydd wedi digwydd, neu am bwy sy'n gyfrifol. Gellir tynnu DNA o'r chwd, a'i gydweddu â'r troseddwr.

Ffrwydrad!

Mae chwydu ffrwydrol yn digwydd pan fydd person yn chwydu mewn pyliau byr, â llawer o rym. Mae arbrofion wedi dangos y gellir dod o hyd i ddafnau o chwd ffrwydrol dros 7 metr (23 troedfedd) i ffwrdd oddi wrth y person sy'n chwydu – mae hynny mor bell â hyd bws mini!

LLYSNAFEDD AFIACH

Llysnafedd, snot, baw trwyn – mae'r cwbl yr un peth, ac mae i'w weld yn hongian allan neu tu mewn i dy drwyn. Mae llysnafedd ym mhobman!

Pigo

Mae gan rai pobl yr arferiad erchyll o fwyta llysnafedd o'u trwyn. Mae llysnafedd yn dal bacteria a feirysau allai fod wedi mynd mewn i'r corff, felly dyw ei fwyta ddim yn syniad da o gwbwl.

Bwydlen y trwyn

Gall bwyta rhai bwydydd gynyddu neu leihau faint o lysnafedd yr wyt yn ei gynhyrchu. Gall menyn, hufen iâ, caws ac wyau achosi mwy o lysnafedd. Ond mae pinafal, pysgod a tsili yn gweithio i'r gwrthwyneb.

Enfys o lysnafedd

Nid yw llysnafedd bob amser yn wyrdd. Gei di lysnafedd du os wyt ti wedi bod yn anadlu llawer o huddygl neu lwch, gall hylif melyn fod yn arwydd o haint ac mae hyd yn oed bacteria ar gael sy'n troi dy snot yn las!

Arian brwnt

Yn 2008, ar ôl ymddangos ar raglen deledu lle chwythodd hi ei thrwyn, gwerthodd yr actores Scarlett Johansson yr hances mewn ocsiwn i elusen. Talodd y prynwr dros $5,000 amdano.

Bydd rhaid i ti roi $5,000 i mi cyn 'mod i'n cyffwrdd yn hwnna!

BETH AM Y BACTERIA?

Gall bacteria fod yn ddefnyddiol ac yn niweidiol i'n cyrff. Er enghraifft, gall bacteria da ein helpu i dreulio ein bwyd, ond gall bacteria gwael roi poen bol i ni. Mae bacteria yn ficro-organedd, sy'n golygu bod angen meicrosgop arnoch i'w weld.

Rhifau mawr

Mae ein cegau yn gartref i gymaint â chwe miliwn o fathau o facteria – mae hynny bron gymaint â'r nifer o bobl ar y Ddaear. Mae pob math o facteria'n mynd trwy gylchrediad o gael ei eni, ei fwydo, bridio a marw.

Mae'r celloedd dynol yn ennill!

Bacteria mewn carthion

Mae llawer iawn o facteria'n byw arnon ni gyd. Mae gan berson tua'r un faint o gelloedd dynol a chelloedd bacterol. Gallwn golli hyd at un rhan o dair o'n bacteria yn ein carthion.

Bacteria Botwm Bol

Yn 2011, yn ystod astudiaeth o facteria oedd yn byw mewn botymau bol, gwnaeth ymchwilwyr ddarganfyddiadau rhyfeddol. Darganfuon nhw facteria anarferol ar y rhai oedd yn cymryd rhan, gan gynnwys bacteria o bridd yn Japan ar ddyn oedd erioed wedi bod yno, ac roedd gan rywun facteria o'r iâ ym mhegwn y gogledd a'r de!

Does gen i dim syniad sut gyrhaeddodd hwnna fanna.

Cau'r caead

Mae llawer o facteria niweidiol yn ein pw. Mae'n well fflysio ar ôl cau'r caead neu fe allet ledaenu cwmwl anweledig o facteria gwael i'r aer – mor uchel a 4.6 metr (15 troedfedd). Mae hynny bron mor dal â jiráff! Gall y bacteria fyw am amser hir ar gownteri, tywelion a hyd yn oed dy frwsh dannedd.

CESEILIAU CAS

Mae ein ceseiliau o dan rhan uchaf y fraich, ger yr ysgwydd, ac maen nhw ymysg y rhannau mwyaf cynnes ar ein cyrff. Maent yn cynnwys llawer o chwarennau chwys.

Arogleuon

Mae ceseiliau drewllyd yn cael eu hachosi gan facteria'n bwydo oddi ar chwys. Os yw'r arogl yn troi'n broblem wael, mae'n bosibl i feddygon gymryd bacteria gan rywun sydd ddim yn drewi a'i drosglwyddo i geseiliau rhywun sydd yn drewi.

Cesail

Talent tawel?

Yn 2013, cyrhaeddodd Erich Henze o Detroit y newyddion yn America ar ôl cael ei wahardd rhag perfformio yn sioe dalent yr ysgol. Ei 'dalent' oedd gwneud sŵn rhech gyda'i geseiliau, coesau, gwddf a chlustiau.

26

Arogl unigryw

Os rydym o dan straen, mae ein ceseiliau'n chwysu 30 gwaith yn fwy na fyddem pe byddem yn ymlacio.

Gallwch ddewis cuddio arogl chwys drwy ddefnyddio diaroglyddion. Mae'r rhai mwyaf poblogaidd yn gymysgwch o olewon, blodau a pherlysiau ond mae arogleuon unigryw ar gael, fel bacwn a pizza!

Mmm, bacwn!

Trwyn da

Edrych am yrfa newydd? Efallai mai swydd fel aroglwr ceseiliau yw'r un ddelfrydol i ti! Mae aroglwyr ceseiliau'n gweithio i gwmnïoedd diaroglyddion, gan dreulio eu hamser yn arogli hyd at 60 cesail yr awr i weld pa gynnyrch fydd yn dda ar gyfer y farchnad.

TORRI RECORD Y BYD

Mae'r corff dynol yn gallu gwneud pethau rhyfeddol, ond mae rhai'n hoffi ei wthio i'r eithaf. Dyma rai o'r enghreifftiau rhyfeddaf.

Mwstásh mawr

Mae gan Ram Singh Chauhan o India fwstásh hiraf y byd. Mae'r fwstásh dros 4.29 metr (14 troedfedd), mae hynny tua'r un hyd ag eliffant! Mae Chauhan wedi bod yn tyfu ei fwstásh am dros 40 mlynedd.

Torri gwynt!

Paul Hunn, a elwir hefyd yn "The Burper King", yw'r dyn sy'n gallu torri gwynt fwyaf swnllyd yn y byd.

Cofrestrwyd ei fod wedi torri gwynt ar 109.9 desibel, sy'n uwch na hwfer, dril trydan a hyd yn oed beic modur. Ei hoffter o ddiodydd pefriog sy'n gyfrifol yn ôl Hunn.

Agoriad llygad

Ilker Yilmaz o Dwrci sy'n dal y record am bellter chwystrelli llaeth o'i lygad. Ar gyfer yr ymgais, ffroenodd Yilmaz y llaeth i fyny ei drwyn cyn ei saethu gymaint â 279.5 centimetr (9 troedfedd, 2 fodfedd) o'i lygad chwith. Mae hynny'n hyd tri troli siopa o un pen i'r llall!

Fyny, fyny, saethu.

Dim tafod!

Mae gan Nick "The Lick" Stoeberl o California yn America, y tafod dynol hiraf yn y byd. Mae'n 10.1 centimetr (3.9 modfedd) o hyd. Mae'r tafod arferol yn 8.5 centimetr (3.3 modfedd). Yn 2016, ymddangosodd Stoeberl ar y rhaglen deledu *America's Got Talent* lle baentiodd lun gan ddefnyddio ei dafod enfawr.

Hei!

29

CRACHOD CRAWNIOG

Mae'n siŵr dy fod wedi gweld crachen neu ddwy ar dy gorff o bryd i'w gilydd. Mae crachod yn ymddangos ar ein croen ar ôl i ni gael cwt neu grafiad. Dyma ffordd y corff o amddiffyn ei hun rhag germau, tra bod croen newydd yn ffurfio oddi tano.

Pigo dy fwyd

Mae crachod fel arfer yn syrthio i ffwrdd ar ôl wythnos neu ddwy. Ond mae rhai pobl yn cael eu temptio i bigo a hyd yn oed bwyta eu crachod. Galla hyn achosi i'r clwyf waedu eto neu adael craith. Gall bwyta crachen roi ychydig o brotin i ti ond byddi di'n llyncu llawer o germau a baw hefyd.

Creu cramen

Unwaith mae'r croen wedi ei niweidio, mae celloedd arbennig y gwaed, sef platennau'n brysio at y clwyf ac yn glynu at ei gilydd. Mae'r platennau'n gweithio i greu crachen sy'n caledi wrth iddi sychu.

Llifo

Weithiau gall cramen felen ymddangos ar ymylon crachen. Mae hyn yn arwydd bod crawn, sef yr hylif mae dy gorff yn ei greu wrth ymladd haint, yn ffurfio oddi tano. Weithiau bydd craciau'n ymddangos yn y grachen a bydd y crawn yn llifo allan.

Mae crawn yn gymysgedd o gelloedd gwaed wedi marw, bacteria byw neu farw a meinwe.

AM FABI!

Ciwt ac annwyl, neu swnllyd a drewllyd? Mae babis yn rhyfedd, fel y gweddill ohonom! Mae angen gofal arbennig a llawer o gwtsio ar fabis – hyd yn oed pan mae eu cewynnau'n ddrewllyd. Dyma rai ffeithiau rhyfeddol am fabis!

Ambell asgwrn!

Mae gan fabis fwy o esgyrn nag oedolion – tua 300 i gyd. Mae'r esgyrn wedi eu gwneud yn bennaf o gartilag sef defnydd hyblyg sydd fel rwber. Maen nhw'n uno ac yn caledi er mwyn ffurfio'r 206 asgwrn sydd gan oedolyn.

Babi del

Ydych chi erioed wedi dyfalu pam fod babis yn ddel â'u llygaid mawr? Mae hynny oherwydd bod llygaid babi bron mor fawr a rhai oedolyn! Gall lliw'r llygaid newid, hefyd, fel arfer o gwmpas chwe mis ond hyd yn oed mor hen â thair oed.

Oeddet ti'n gwybod bod babis yn cael eu geni â'r gallu i nofio!

Pw cyntaf

O fewn 24 i 48 awr o gael eu geni, bydd babis yn gwneud eu pw cyntaf, sydd yn drwchus ac ychydig bach fel tar. Ar ôl tua thri diwrnod, bydd y pw yn newid lliw i frown golau, melyn, neu hyd yn oed wyrdd, a bydd o ansawdd tebyg i fenyn pysgnau.

Trysor cudd

Wrth archwilio'r byd a'u cyrff eu hunain, mae babis a phlant bach yn aml yn rhoi pethau yn eu clustiau neu eu trwynau. Mae meddygon yn gorfod tynnu pethau fel pys, marblis, botymau a gleiniau. Darganfuodd meddygon yn Tsieina un plentyn gyda dant y llew yn tyfu allan o'i glust.

33

RHAID RHECHAIN

Proses o waredu aer trwy'r pen ôl yw rhechu. Mae rhai'n dawel, rhai'n swnllyd ond un peth sy'n siŵr – maen nhw i gyd yn dod o'r un lle!

Beth sydd mewn rhech?

Nid oes arogl ar y rhan fwyaf o'r rhech ac mae'n cynnwys 99 y cant o nwyon diarogl. Mae'r 1 y cant olaf yn cynnwys nwyon drewllyd gwahanol, gan gynnwys sylffwr a dyma beth sy'n creu'r drewdod.

Gwynt grymus

Ar gyfartaledd, rydym yn rhechain tua 14 gwaith mewn diwrnod. Rydym yn cynhyrchu 0.5 litr (1.2 peint) y dydd, digon i lenwi balŵn.

Llenwais i hwn i gyd fy hunan!

Cnecwast

Mae rhai bwydydd *yn* gwneud i chi rechain yn fwy ac mae'r rhain yn cynnwys ffacbys, winwns, bresych, ysgewyll a blodfresych. Yn ôl ymchwilwyr, mae bananas, tatws a grawnfwydydd yn helpu i leihau'r arogl.

Mae dyfeisiwr yn Ffrainc yn honni ei fod wedi creu pilsen sy'n gwneud i rechfeydd arogli fel siocled!

Cnecion enwogion

Mae rhai pobl yn rhecain am eu bywoliaeth. Mae'r rhain yn cynnwys Mr Methane o'r DU, sy'n rhechain i gerddoriaeth; Le Petomane o Ffrainc, oedd yn gallu diffodd canhwyllau gyda'i rechod; a Roland the Farter, digrifwr o'r 12fed ganrif oedd yn diddanu'r Brenin Hari'r II drwy rechain iddo bob Nadolig.

YN Y GWAED

Mae gwaed yn cynnwys plasma, celloedd gwaed gwyn, celloedd gwaed coch a phlatennau. Bob tro mae ein calonnau'n curo, mae gwaed yn cael ei bwmpio drwy ein corff. Mae'r gwaed yn cario maeth ac ocsigen i'n celloedd cyn dychwelyd i'n calonnau.

O gwmpas y byd

Caiff gwaed ei gario o gwmpas ein cyrff trwy gyfres o diwbiau o'r enw gwaedlestri. Mae dau fath o waedlestr: rhydweliau a gwythiennau. Pe byddech yn gosod yr holl waedlestri hyn mewn llinell byddai'n ymestyn i 96,561 kilometr (60,000 milltir) – digon i fynd o gwmpas y byd o leiaf ddwy waith.

Mae lliw coch ein gwaed yn dod o brotin o'r enw haemoglobin sy'n casglu ocsigen yn yr ysgyfaint. Mae ein gwaed hefyd yn cynnwys haearn a phlasma lliw melyn sydd fel aur i'r corff.

Curiad calon

Y curiad calon cyfartalog wrth ymlacio i oedolyn yw rhwng 60 a 100 curiad y funud ond mae hyn yn dibynnu ar oed a ffitrwydd. Mewn cymhariaeth, mae calon llygoden yn curo ar dros 500 curiad y funud tra bod un eliffant yn 30 curiad y funud yn unig. Gallai hyn gynyddu pe byddai'r eliffant yn gweld llygoden yn rhedeg o gwmpas ei draed!

37

MAWREDD MODDION

Mae moddion yn helpu pobl i ymladd salwch neu eu rhwystro rhag mynd yn sâl yn y lle cyntaf. Mae meddygon yn meddwl yn ofalus wrth ddewis moddion i helpu pobl sâl. Mae meddyginiaeth newydd yn cael ei dyfeisio drwy'r amser ac mae meddygon a gwyddonwyr yn darganfod ffyrdd newydd o'n cadw ni'n iach o hyd.

Salwch rhyfedd

Wrth ddewis moddion, rhaid i feddygon ystyried beth allai fod yn achosi'r salwch. Yn Tsieina, aeth dyn 37 oed i'r ysbyty gyda pheswch gwael a phroblemau anadlu. Sylweddolodd y meddygon bod haint wedi ei achosi gan y ffaith bod y dyn yn arogli ei sanau llawn ffwng ar ddiwedd pob dydd.

Blas cas

Nid yw'r cyhwysion gaiff eu defnyddio i helpu moddion i wneud ei waith bob amser yn blasu'n neis. Nid yw plant fel arfer yn hoffi moddion am fod y blasau fel arfer yn hallt a chwerw, ac mae plant yn fwy sensitif i'r rhain.

Mae'n well i rai cleifion fod yn cysgu ar gyfer rhai llawdriniaethau, ond nid bob amser. Yn ystod llawdriniaeth ar ei hymennydd, canodd y cerddor proffesiynol Dagmar Turner y feiolin fel bod llawfeddygon yn gallu sicrhau nad oedd y rhannau o'r ymennydd sydd eu hangen i ganu'r offeryn yn cael eu niweidio. Defnyddion nhw foddion i sicrhau nad oedd hi'n teimlo poen.

Bravo! Gwych!

Llwydni'n gwneud lles

Mae penisilin yn foddion gwrthfiotig a gaiff ei ddefnyddio i drin ystod o heintiau. Cafodd ei ddarganfod drwy ddamwain yn 1928 gan Alexander Fleming a ddaeth nôl i'w labordy o'i wyliau a gweld bod llwydni'n lladd peth o'r bacteria'r oedd wedi bod yn tyfu. Cyn iddo gael yr enw penisilin yn 1929 roedd yn adnbyddus fel "sudd llwydni".

Mmm, torri syched!

MALU CACHU ETO!

Mae pw yn bwnc diddorol. Mae pawb yn ei wneud! A gallwn ni ddim roi'r gorau i siarad amdano.

Pa mor hir

Amcangyfrifir bod y pw hiraf yn mesur 7.92 metr (26 troedfedd) o hyd. Roedd y fenyw gynhyrchodd y pw enfawr yn bwyta deiet oedd yn uchel mewn ffibr ac ni aeth hi i'r tŷ bach am wythnos o flaen llaw.

Tin tanllyd

Gall bwydydd poeth wneud i dy ben ôl deimlo fel pe bai ar dân pan ei di i'r tŷ bach. Mae'r twll yn dy ben ôl wedi ei orchuddio â chelloedd sensitif, yn debyg i'r rhai yn dy geg, felly gall fod yr un mor boeth ar y ffordd allan ag ar y ffordd i mewn.

Ar dân

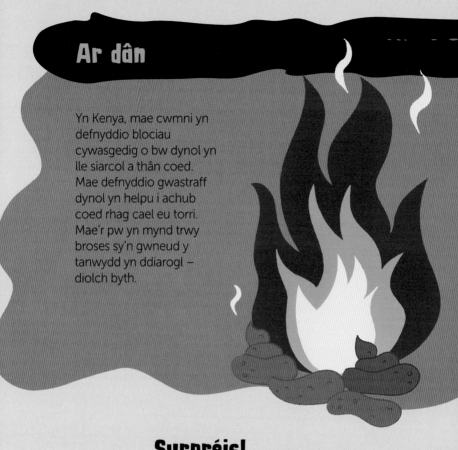

Yn Kenya, mae cwmni yn defnyddio blociau cywasgedig o bw dynol yn lle siarcol a thân coed. Mae defnyddio gwastraff dynol yn helpu i achub coed rhag cael eu torri. Mae'r pw yn mynd trwy broses sy'n gwneud y tanwydd yn ddiarogl – diolch byth.

Syrpréis!

Os wyt ti wedi bwyta india-corn erioed, efallai i ti sylwi sut mae'n ymddangos eto yn dy garthion. Mae hyn yn digwydd am fod haenen allanol yr india-corn wedi ei wneud o seliwlos, rhywbeth nad yw ein cyrff yn gallu ei dreulio. Fodd bynnag, gallwn dreulio'r rhan fewnol felly yr hyn a welwn yw'r croen allanol.

ESGYRN DAFYDD

Fel oedolion, mae gennym 206 o esgyrn yn ein cyrff. O'n helpu i symud i amddiffyn ein organau pwysig, mae esgyrn yn ein helpu i wneud gweithgareddau bob dydd. Heb esgyrn fyddai dim llawer o siâp arnom ac ni fyddem yn gallu cerdded, rhedeg na chodi'r llyfr yma i ddarllen yr holl ffeithiau ych-a-fi!

Ffatri waed

Er eu bod yn edrych yn gryf a chaled, mewn gwirionedd mae esgyrn yn diwbiau gwag yn llawn meinwe sydd fel sbwng a elwir yn fêr yr esgyrn. Mae mêr yr esgyrn hefyd yn gyfrifol am greu ein gwaed! Mae'n cynhyrchu pob math o gelloedd gwaed sydd eu hangen ar ein cyrff ac yn gwneud miliynau ohonyn nhw bob dydd!

Newydd sbon

Mae corff oedolyn yn gwaredu hen ddarnau o esgyrn ac yn creu meinwe esgyrn newydd yn eu lle. Ar ôl deng mlynedd bydd gennym sgerbwd newydd sbon.

Ffaith ddoniol

Yn Saesneg, yr enw arno yw "funny bone" ond os wyt ti erioed wedi ei daro, fyddi di'n cytuno nad yw'r asgwrn y penelin yn ddoniol. Nid yw chwaith yn asgwrn! Mae'r teimlad pigog a gawn yn dod o nerf yn ein braich sy'n saethu lawr i flaenau'n bysedd.

Torri record

Mae'r styntiwr Evel Knievel yn dal y record am dorri'r mwyaf o esgyrn yn ystod ei yrfa. Roedd Knievel yn neidio'n gyson ar ei feic modur dros geir, bysys, nadroedd rhuglo a llewod – ond weithiau roedd yn cael damweiniau – a arweiniodd at dorri ei esgyrn 433 o weithiau dros nifer o flynyddoedd. Un tro fe dorrodd ei ddwy fraich wrth ymarfer neidio dros danc llawn o siarcod.

CWESTIYNAU LLETCHWITH

Pwy? Beth? Ble? Pryd? Pam? Sut? Mae ein byd yn llawn cwestiynau a dyma'r atebion i rai o'r cwestiynau afiach allai fod ar flaen dy dafod!

Pam mae chwd yn llosgi fy llwnc pan dw i'n chwydu?

Mae'r asidau yn ein system draul yn chwalu a threulio ein bwyd. Pan fyddwn yn chwydu, daw'r blas chwerw a sur yn ein ceg o'r asidau hyn.

Alli di wneud cannwyll allan o gwyr clustiau?

Na. Caiff canhwyllau arferol eu gwneud o baraffin neu gwyr gwenyn sy'n llosgi'n araf. Mae cwyr clustiau'n llosgi'n gyflym ac yn gwneud sŵn craclo. Yn sgil y celloedd croen marw, gwallt ac asidau brasterog ni fyddai'n toddi nac yn llosgi'n ddigon cyson ar gyfer cannwyll.

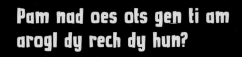

Pam nad oes ots gen ti am arogl dy rech dy hun?

Ydy dy ffrindiau a dy deulu'n tagu ac yn anelu am y ffenestri? Y rheswm nad wyt ti'n teimlo'r un ffordd ydy am fod dy gorff di'n gyfarwydd â dy arogleuon dy hun. Dangosodd profion ein bod hyd yn oed yn hoffi arogl ein rhechod ein hunain oherwydd bod yr arogl yn unigryw i ni.

Ydy llau gwely wir yn cnoi?

Ydyn. Mae llau gwely'n cuddio yn ystod y dydd, cyn cael eu temptio allan yn y nos i fwyta. Maen nhw tua'r un maint â hedyn afal ac mae ganddyn nhw gyrff gwastad cyn iddyn nhw fwyta. Gallan nhw sugno hyd at saith gwaith eu pwysau eu hunain mewn gwaed sy'n eu gadael yn dewach o lawer na phan ddechreuon nhw fwyta.

SYNHWYRAU SILI

Mae ein synhwyrau'n ein helpu i ddeall y byd tu allan.
Mae pum prif synnwyr sef "synhwyrau arbennig", ond mae
gwyddonwyr yn credu bod gennym hyd at 21!
Mae'r synhwyrau ychwanegol yn cynnwys synnwyr o ofod
a chydbwysedd. Caea dy lygaid a symuda dy freichiau o
gwmpas. Byddi di'n synhwyro ble mae dy freichiau.

Blasu

Mae gan berson arferol tua 10,000 o flasbwyntiau.
Os dynni di dy dafod allan fe weli di nhw ar ffurf
lympiau bach mân. Mae blasbwyntiau'n ein
helpu i flasu'r pum blas — hallt, chwerw,
sur, melys ac umami, sef pa mor
sawrus yw'r blas.

Golwg

Rydym yn "gweld" pethau wyneb i
waered. Mae'r llygad yn anfon negeseuon
i'r ymennydd, sy'n troi'r llun y ffordd
gywir. Credir bod babis bach yn gweld
pethau wyneb i waered tan bod yr
ymennydd yn dysgu sut i droi
popeth y ffordd gywir.

Cyffyrddiad

Mae ein synnwyr cyffwrdd yn ein helpu i ymateb yn gyflym i wahanol sefyllfaoedd. Os rydym yn sefyll ar wrthrych miniog, mae angen synnwyr cyffwrdd arnom i ymateb yn gyflym. Gall y negesuon hyn fynd o'r droed i'r ymennydd ar gyflymdra o 160 kilometr yr awr (100 milltir yr awr)!

Arogl

Beth yw dy hoff arogl? Wyt ti'n gwybod dy fod yn gallu arogli os yw rhywun yn hapus? Mae ymchwilwyr wedi darganfod ein bod yn rhyddhau arwyddion arogl sy'n dangos ystod o emosiynau, gan gynnwys hapusrwydd, ffieidd-ddod, ac ofn.

Ti'n gwynto'n ... grac?

Clyw

Mae'r cwmni technoleg Microsoft wedi adeiladu'r "lle tawelaf ar y Ddaear". Mae'n siambr arbennig lle mae lefel y sŵn wedi ei fesur ychydig dros 20 desibel. Er mwyn cymharu, mae sibrydiad yn 30 desibel, ac mae ein hanadlu yn 10 desibel.

CYHYRAU CUDD

Mae dros 600 o gyhyrau yn ein cyrff. Mae'r cyhyrau hyn yn ein helpu i gadw ein siâp, yn caniatáu i ni symud ac yn ein helpu i godi gwrthrychau trwm, ond mae rhai'n gweithio heb i ni wybod – fel y galon!

Curiad cyson!

Mae'r galon yn organ sydd wedi ei gwneud o gyhyr ac mae tua'r un maint a dy ddwrn. Bob dydd, mae'n curo dros 100,000 o weithiau ac yn pwmpio tua 7,000 litr (1540 galwyn) o waed o gwmpas dy gorff. Dydy'r galon byth yn cael diwrnod o hoe ac mae'n gweithio hyd yn oed pan fyddwn yn cysgu.

Wyneb yn wyneb

Mae gennym 43 cyhyr yn ein wyneb yr ydym yn eu defnyddio i fynegi miloedd o emosiynau a theimladau. Mae gwyddonwyr yn astudio rhai pobl sy'n defnyddio pob un o'r 43 cyhyr yn eu hwynebau yn unigol.

Wyt ti'n grac neu'n flinedig neu'n llwglyd?

Pen ôl ymarferol

Gall ymarferion penodol helpu i ddatblygu a gwella ystod o gyhyrau – gan gynnwys y rhain sy'n dy helpu i wneud pw. Mae un ymarfer sy'n cael ei awgrymu ar gyfer cryfhau dy ben ôl yn golygu tynhau'r cyhyrau rwyt ti'n eu defnyddio i rwystro dy hunan rhag rhechain.

Dwi'n mynd i ffrwydro!

Cryfder anarferol

Mae rhai pobl yn meddu ar gryfder anarferol os ydynt yn wynebu sefyllfa lle maent yn agos at farw. Mae digon o straeon am gryfder fel hyn gan gynnwys hanes Tom Boyle o America a gododd gar i ryddhau seiclwr oedd yn sownd, a Lydia Angyiou o Ganada a ymladdodd arth wen oedd ar fin ymosod ar ei phlant.

49

LLYGAID!

Mae ein llygaid fel camerâu yn cymryd delweddau o'r byd o'n cwmpas a'u hanfon at yr ymennydd i'w prosesu a'u deall. Mae mwy na dwy filiwn o rannau symudol ym mhob llygad er mwyn gwahaniaethu rhwng miliynau o liwiau a siapiau. Dyma rai ffeithiau ffiaidd am lygaid.

Efallai bod babis yn crio llawer ond nid ydyn nhw'n dechrau cynhyrchu dagrau tan eu bod tua pythefnos oed!

Popio allan

Mae Kim Goodman o America yn enwog am allu popio ei llygaid allan o'u tyllau. Mae'n dal y record am bopio llygaid allan bellaf ac mae'n gallu ymestyn ei llygaid 12 mm.

Winwns wylo

Wyt ti'n crio wrth dorri winwnsyn? Mae'n digwydd oherwydd y nwy sy'n cael ei ryddhau. Mae'r nwy yn adweithio gyda chemegau yn dy lygaid i greu asid. Mae'r ymennydd yn anfon neges i'r chwarennau dagrau i ddweud wrthyn nhw i gynhyrchu llif o ddagrau i olchi'r asid i ffwrdd.

O na, cyrri eto heno!

Lensys coll

Yn ystod llawdriniaeth ar lygad menyw 67 oed yn y DU, cafodd meddygon sioc o ddod o hyd i fàs glas golau tu ôl i'w llygad dde. Darganfuon nhw fod y lwmpyn wedi ei greu o 17 lens llygad oedd wedi glynu yn ei gilydd gyda mwcws. Daethon nhw o hyd i 10 lens rhydd arall, oedd yn golygu ei bod wedi colli cyfanswm o 27 lens yn ei llygad.

TISIAN!

Mae tisian yn weithred anfwriadol, sef rhywbeth mae ein corff yn ei wneud yn awtomatig. Caiff blew bach, bach yn ein trwyn eu cosi ac anfonir negeseuon i'r ymennydd i adael i'r tisian ddechrau – bendith!

Tisian yn y tes

Ffordd y trwyn o ymateb i rywbeth, fel baw, germau neu alergeddau yw tisian, ond mae rhai pobl hefyd yn tisian os ydyn nhw'n edrych ar yr haul. Dwyt ti ddim yn tisian yn dy gwsg achos mae'r derbynyddion tisian yn dy ymennydd yn cysgu, hefyd.

Snot ar sbîd

Pan fyddwn yn tisian, mae'r chwystrelliad yn dod o'n cegau, nid ein trwynau, a gall gyrraedd cyflymdra o 160 kilometr yr awr (100 milltir yr awr). Mae hynny'n gyflymach nag y dylai unrhyw gar fynd ar draffordd! Gall dafnau o'n tisian deithio mor bell ag 8 metr (26 troedfedd), bron mor hir â bws deulawr!

Pwl o disian

Mae'n debyg bod y pwl hiraf o disian wedi parhau am 976 diwrnod – sef dwy flynedd a 235 diwrnod! Dechreuodd Donna Griffiths o'r DU disian ar 13 Ionawr 1981 ac fe gafodd ei diwrnod cyntaf heb disian ar 16 Medi 1983.

POB HWYL

Cyn gynted ag y cawn ni ein geni rydym yn synhwyro emosiynau. Gall ein hwyliau gael eu hachosi gan nifer o bethau, gan gynnwys ble rydym neu gyda phwy yr ydym. Mae gwyddonwyr yn credu ein bod yn gallu profi gymaint â 27 o emosiynau gwahanol, gan gynnwys hapusrwydd, cyffro, tristwch a ffieidd-dod. Sut mae hynny'n gwneud i ti deimlo?

Mynach balch

Mae Matthieu Ricard, sy'n fynach, wedi ei alw'n "Ddyn Hapusaf y Byd". Yn ystod astudiaeth 12 mlynedd o'r ymennydd, cysylltodd gwyddonwyr synwyryddion i'w ben a gweld bod y rhan o'i ymennydd sy'n gallu teimlo hapusrwydd yn anarferol o fawr.

Eww!

Yn y 1990au, astudiodd Dr Valerie Curtis ffieidd-dod i ddarganfod beth sydd wir yn gwneud i bobl ddweud "Ych!".
Gwnaeth arolwg o bobl dros y byd a gweld bod llawer o bethau'n troi stumog pobl. Roedd y rhestr hirfaith yn cynnwys pw, toriadau ewinedd traed, cig yn pydru, clêr, gwaed a chrawn.

Dysgwyr bach

Mae plant ifanc yn datblygu eu synnwyr o ffieidd-dod o gwmpas dwy a thair oed. Cyn hynny, efallai y byddant yn gwrthod pethau sy'n blasu'n ddrwg ond heb gael eu ffieiddio ganddyn nhw. Mae astudiaethau wedi dangos bod plant ifanc yn dysgu ffieidd-dod o'r ffordd mae eu rheini yn ymateb.

Chwalu!

Mae pawb yn mynd yn grac. Efallai dy fod ti'n stompio dy draed neu'n slamio dy ddrws, ond mae rhai pobl yn dewis defnyddio therapi dinistrio i gael gwared ar eu dicter. Bydd y bobl hyn yn ymweld ag "ystafelloedd dicter" arbennig ac yn chwalu hen setiau teledu, cyfrifiaduron a hyd yn oed ceir. Wrth gwrs, mae ffyrdd eraill o ddelio gyda dicter sydd ddim yn golygu chwalu pethau'n ddarnau!

YR UN SBIT

Glafoerion, diferion, salifa — mae nifer o enwau am boer. Mae'n ein helpu i lyncu bwyd, gwarchod ein dannedd, ac yn helpu i dreulio bwyd. Rydym yn cynhyrchu llai wrth gysgu a mwy wrth fwyta — neu edrych ar ddarn blasus o bizza!

Pa mor gynhyrchiol

Rwyt ti'n cynhyrchu rhwng 0.5 ac 1.5 litr (0.9 a 2.6 peint) o boer y dydd a chaiff y rhan fwyaf ohono ei lyncu a'i ail-amsugno. Ar hyd dy fywyd, byddi di'n cynhyrchu digon o boer i lenwi dros 50 o faddonau.

Poeri pell

Mae nifer o gystadlaethau poeri dros y byd, lle mae gwahanol bethau'n cael eu poeri dros y pellter pellaf posibl. Mae'r rhain yn cynnwys cerrig ceirios, cyrcs champagne a hyd yn oed bryfed tân a thail.

Dy boer yn cael braw!

Rwyt ti'n creu llai o boer pan fyddi di'n ofnus. Caiff llif dy boer ei reoli gan y system nerfol, a bydd hyn yn arafu faint gaiff ei gynhyrchu os wyt ti mewn sefyllfa "ymladd neu ffoi". Felly os wyt ti'n bwyta popcorn hallt wrth wylio ffilm frawychus, gwna'n siŵr bod diod o fewn cyrraedd.

Mae salifa'n cymysgu gyda bwyd ac yn dy wneud di'n fwy sensitif i'w flas.

AMSER MYND

Dydy un dudalen o ffeithiau am bi-pi ddim yn
ddigon i ti? Beth am ddysgu mwy am yr hylif hwn
sy'n bennaf yn ddŵr ac yn cael ei gynhyrchu gan
bob person ar y Ddaear!

Dŵr defnyddiol

Mae pi-pi wedi ei ychwanegu at
wrtaith oherwydd y gall gyfrannu
nitrogen a mwynau ychwanegol
i'r pridd. Ond wyt ti erioed wedi
gweld "tŷ bach mewn pelen
wair"? Mae peli gwair yn
cael eu rhoi wrth ymyl
tomen wrtaith er mwyn i
bobl bisio arnyn nhw
mewn gwyliau – gellir eu
defnyddio wedyn yn y
gwrtaith.

Blasu dy bi-pi

Yn y gorffennol, roedd meddygon yn rhoi
diagnosis o salwch drwy flasu pi-pi claf.
Bydden nhw'n defnyddio siartiau blasau wrin,
oedd yn disgrifio blas, arogl a lliw wrin yng
nghydestun y salwch. Os oedd y pi-pi'n
blasu'n felys, er enghraifft, gallai fod yn
arwydd o glefyd y siwgr.

Setlo

Ai dyma lle roedden nhw'n pisio?

Falle !

TŶ BACH

Mae gwyddonwyr wedi gallu dysgu pryd a ble y setlodd ein cyndadau trwy edrych ar eu pi-pi 100 oed. Daeth astudiaeth o bentref yn Nhwrci o hyd i waddod hallt, a geir mewn wrin, oedd yn dangos bod pobl wedi setlo yna.

Môr o bi-pi

Mae sawl un yn credu bod gwneud pi-pi ar bigiad slefren fôr yn helpu lleihau'r boen, ond mae nifer o astudiaethau wedi dangos nad yw hyn yn wir. Mewn gwirionedd, fe allai achosi i'r pigiad ryddhau rhagor o wenwyn. Serch hynny, byddai creaduriaid eraill y môr yn siŵr o weld yr ochr ddoniol!

PARASITIAID

Mae parasitiaid yn greaduriad sy'n byw ar "gynhalwyr" – sef ni – drwy fyw ar ein croen neu'r tu mewn i'n cyrff. Mae rhai parasitiaid yn lledaenu clefydau, rhai yn achosi poen, rhai yn bodoli heb i ni hyd yn oed wybod eu bod yno.

Llyngyr

Mae llyngyr yn fwydod bach, bach a thenau sy'n wyn ac yn llai nag 1.5 cm (0.5 modfedd) o hyd. Maen nhw'n mynd mewn i'n cyrff ni pan fyddwn yn llyncu eu hwyau yn ddamweiniol. Weithiau nid yw llyngyr yn achosi symptomau, ond efallai y bydd rhai pobl yn colli cwsg, a bydd eu pen ôl yn crafu. Gall golchi dwylo helpu, a gall meddyg roi moddion i ladd y llyngyr hefyd.

Baylisascaris

Mae Baylisascaris yn llynghyren a gaiff ei chario gan racŵn a all heintio pobl a'u gwneud yn sâl iawn. Mae'r achosion yn brin iawn ac fe'u ceir yn bennaf mewn plant sy'n chwarae mewn baw wedi ei heintio gan garthion racŵn. Mae golchi dwylo'n dda ac osgoi gwastraff racŵn yn ddulliau da o osgoi haint.

Dwi ddim yn cofio bwyta rheina.

Daw'r enw ar ôl achosion o'r salwch wedi i bobl yfed dŵr a heintiwyd gan afancod. Mae'n salwch stumog a achosir gan barasit bach mewn carthion. Caiff ei ddal wrth yfed dŵr wedi ei heintio. Ymhlith y symptomau mae dolur rhydd, poen bol, ac arogl wyau wrth dorri gwynt. Gellir ei wella gyda gwrthfiotigau, ond gall rhai pobl wella heb gymryd moddion.

Rhuban pert?

Pan aeth dyn yn India i'r ysbyty ar ôl dioddef poenau yn ei stumog am ddau fis, darganfyddodd y meddygon lynghyren ruban anferth yn ei berfedd. Tynnwyd y llynghyren allan drwy gêg y dyn. Rhaid bod y dyn wedi bwyta neu yfed rhywbeth oedd ag wyau llynghyren ruban ynddo'n ddamweiniol. Roedd y mwydyn yn 1.88 metr (6.2 troedfedd), yr un taldra â dyn tal!

PEN ÔL

Y gluteus maximus yw enw'r cyhyr yn dy ben ôl a hwn yw'r cyhyr mwyaf a thrymaf yn y corff. Beth am ddod i wybod mwy am ein pen ôl?

Er Cof
Am
Ben Ôl.

Pen ôl a mlaen.

Wyt ti erioed wedi dyfalu pam bod pen ôl gyda ni? Mae ymchwilwyr yn credu bod penolau yn ein cadw i fyny ac yn rhoi cydbwysedd i ni wrth i ni symud. Ond fe allet ti ddatblygu syndrom "pen ôl marw" os eisteddi di am amser hir. I atal hyn, dylet ti gymryd egwyl yn gyson er mwyn symud dy ben ôl.

Ôl-nodyn

Mae'r "Booty Drum" yn ddyfais sy'n mynd ar ben ôl dawnsiwr. Mae'r ddyfais yn cynnwys set o synhwyryddion sy'n dilyn symudiadau pen ôl y dawnsiwr. Caiff y symudiadau eu defnyddio gan gyfrifiadur i greu trac cerddoriaeth.

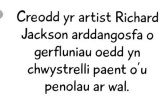

Creodd yr artist Richard Jackson arddangosfa o gerfluniau oedd yn chwystrelli paent o'u penolau ar wal.

Cryfhau

Fel gyda chyhyrau eraill, galli di adeiladu pen ôl mwy a chryfach trwy ymarferion penodol. Gall cyrcydi, hyrddio a chodi pwysau helpu i'r cyhyrau yna dyfu. Mae gan Mr. Cherry o Japan sawl record byd rhyfedd gan gynnwys un am chwalu cnau Ffrengig gyda'i ben ôl.

MEDDYLIA!

Mae pethau'n gallu llethu'r meddwl weithiau.
Dyma rai ffeithiau am yr ymennydd i ymestyn dy feddwl!

Cer i wisgo cot!

Antartica

Ar ôl i grŵp o wyddonwyr dreulio 14 mis yn Antarctica, darganfuwyd bod eu hymenyddion wedi crebachu. Dangosodd sganiau cyn ac ar ôl y daith fod y rhannau sy'n gyfrifol am gof, dysgu ac emosiynau wedi lleihau. Efallai bod y newidiadau wedi cael eu hachosi o dreulio dros flwyddyn yn yr un adeilad, gyda'r un bobl ac yn edrych ar yr un dirwedd foel.

Breuddwydwyr

Darganfyddodd ymchwilwyr bod pobl sydd â'u meddyliau'n crwydro'n gyson yn sgorio'n uwch mewn profion gallu a chreadigrwydd nag eraill. Felly, y tro nesa mae dy athro'n rhoi stŵr i ti am freuddwydio yn y dosbarth, mae gen ti esgus perffaith!

Poen meddwl

Ni all yr ymennydd ei hun deimlo poen gan nad oes derbynyddion poen ganddo. Yn lle hynny, teimlwn boen pan fydd terfynau nerfau'n synhwyro niwed ac yn pasio arwyddion i'n hymennydd. Un prawf o boen yw gosod dy law mewn bwcedaid o ddŵr rhewllyd a gweld pa mor hir mae'n cymryd i frifo.

Pos

Dyma gwestiwn cyflym. Gweidda'r ateb!

Mae gan fam Mari bedwar o blant: Ebrill, Mai, Mehefin a ...?

FFORDD GYFLYM

Yr ateb yw Mari!

Os dywedais di "Gorffennaf" mae dy ymennydd yn ceisio chwilio am ateb cyflym i arbed amser ac egni ond nid yw bob amser yn gywir.

ACHUB DY GROEN

Mae'r croen yn organ sy'n gorchuddio ein cyrff ac yn ein hamddiffyn. Mae'n helpu i reoli ein tymheredd ac yn ein helpu i adnabod pethau fel poen. Mae'r croen teneuaf i'w gael o gwmpas y llygaid a'r mwyaf trwchus ar gledrau'r dwylo ac o dan y traed.

Ymestyn

Pe byddem yn tynnu ein croen i ffwrdd ac yn ei ymestyn, byddai'n gorchuddio dwy fetr sgwâr (21 troedfedd sgwar), sydd tua'r un maint â blanced bicnic. Mae'r record byd am y "croen mwyaf ymestynol" yn perthyn i Garry Turner sy'n gallu tynnu croen ei wddf dros ei ên yn llwyr.

Bwytawyr croen

Efallai nad yw cynrhon annifyr yn bethau meddygol amlwg. Ond, mae therapi cynrhon yn driniaeth go iawn a ddefnyddir i wella clwyfau cleifion. Mae'r cynrhon yn effeithiol gan eu bod yn bwyta'r croen marw a'r cnawd sy'n pydru o amgylch clwyf gan adael y meinwe iach i wella.

Pocedi o groen

Mae pothelli'n bocedi o hylif sy'n ymddangos rhwng haenau uchaf y croen. Fe'u hachosir yn bennaf gan rwbio, rhewi, llosgi neu haint. Mae pothelli'n aml yn datblygu ar draed wedi i'r croen gael ei rwbio trwy gerdded, rhedeg neu geisio dianc rhag rhiant blin sy'n ceisio dy gael i dacluso dy ystafell.

Diosg croen

Mae nadroedd a chreaduriaid eraill yn diosg eu croen ar un tro ond rydym ni'n diosg ein croen ni'n gyson ar gyfradd o dros 30,000 o gelloedd y croen bob munud! Gallai hyn egluro pam bod ychydig o'r llwch yn ein tai yn cynnwys croen marw.

Mae pobl yn afiach!

PENIOG!

Mae'r ymennydd fel cyfrifiadur anhygoel, yn storio a phrosesu llwyth o wybodaeth o'r byd o'n cwmpas. Ac, fel cyfrifiadur, weithiau mae angen ei ailgychwyn! Gwiriwch y ffeithiau hyn am yr ymennydd!

Fel rhech!

Mae pobl weithiau'n disgrifio rhywun anghofus neu ddi-drefn fel "rhech". Fel arfer yr ymennydd sydd wedi blino. Mae'r term "Brain farts" yn cael ei ddefnyddio yn Saesneg.

Esgusodwch fi!

Rhewi'r ymennydd

Os wyt ti'n bwyta hufen iâ neu lolipop yn rhy gyflym, fe allet deimlo fel bod dy ymennydd wedi rhewi. Mae'n digwydd pan fydd rhywbeth oer iawn yn taro rhan uchaf dy gêg ac mae'r nerfau yn achosi pen tost. Dyma ffordd dy gorff o ddweud wrthot ti am arafu, hyd yn oed os yw'r hufen iâ'n flasus!

Jeli trydanol

Mae'r ymennydd dynol yn teimlo fel jeli ac yn pwyso tua 1.3 kilogram (2.9 pwys) – yr un peth â phinafal mawr! Mae dy ymennydd yn cynhyrchu digon o drydan i roi pŵer i fwlb golau.

YR ORGANAU

Mae 78 o organau yn y corff, a phob un yn cydweithio i'n cadw ni'n heini ac yn iach. O'r stumog i'r ddueg – mae'n horganau'n gweithio'n galed! Beth am ddysgu am rai o'r pethau mwyaf diddorol mae ein horganau'n eu gwneud?

Y ddueg ddiwyd

Mae'r ddueg tua 13 cm (5 modfedd) o hyd, yr un hyd â mango ac mae'n hidlo ein gwaed gan waredu bacteria a feirysau. Mae hefyd yn ailgylchu celloedd gwaed sydd wedi cael difrod. Mae gan bobl Bajau yn ne ddwyrain Asia dduegau mwy. Mae'r rhain yn creu mwy o waed – sy'n cario ocsigen – er mwyn eu helpu i ddeifio'n ddwfn i gasglu pysgod cregyn o lawr y môr.

Afu prysur

Yr afu yw'r organ ail fwyaf ar ôl y croen – mae tua maint pêl rygbi. Mae'n cadw ein cyrff yn iach trwy droi bwyd yn egni, tynnu gwenwyn niweidiol o'r gwaed, ac ymladd heintiau. Gall yr afu dyfu nôl os yw wedi cael difrod, sy'n golygu y gall pobl roi rhan o'u hafu i gleifion sydd ei angen, a bydd y ddau afu'n tyfu nôl i'w meintiau arferol.

Y bledren

Mae'r bledren yn hyblyg iawn ac yn chwyddo wrth lenwi gyda pi-pi. Mae'n gallu dal 400–600 mm (0.7–1 peint) o bi-pi. Pan mae'n chwyddo'n fwy na rhyw faint arbennig, mae nerfau'n anfon neges i dy ymennydd i ddweud ei bod yn amser i ti fynd i'r tŷ bach.

71

GWALLT GWALLGO

Mae blew yn gorchuddio bron pob rhan o'r corff dynol. Mae'r rhannau di-flew yn cynnwys y gwefusau, cledrau ein dwylo, a dan ein traed. Mae gen ti dros 100,000 o flew ar dy ben ac mae pob blewyn unigol yn tyfu am gyfnod o rhwng dwy a chwe blynedd.

Mae gennym tua'r un faint o flew ar ein cyrff â tsimpansî. Ond mae ein blew ni'n fach iawn a heb fod mor amlwg.

Crafu pen

Mae llau pen yn bryfed mân sy'n byw yn dy wallt ac yn bwyta dy waed. Maen nhw'n gafael ar dres o wallt drwy ddefnyddio eu traed gludiog ac maen nhw'n lledaenu'n hawdd. Mae miliynau o bobl yn eu cael bob blwyddyn ac nid yw hynny'n golygu bod y person yn frwnt.

Mwng marw

Mae gwallt yn tyfu o ffoliglau yn y croen a'r gwreiddiau yw'r unig rhan fyw o dy wallt. Mae'r gwallt rydym yn ei weld wedi marw, dyna pam nad yw'n brifo pan gei di dy wallt wedi ei dorri (oni bai bod gen ti farbwr gwael!).

Blew go lew!

Er ei fod yn denau, mae blewyn yn gallu ymestyn ac mae'n gryf iawn. Gall blewyn unigol ddal 100 gram (0.2 pwys), yr un pwysau â lemwn, a gall pen cyfan o wallt ddal pwysau dau eliffant!

TYFA FYNY!

O'n babandod i'n harddegau, mae ein cyrff a'n meddyliau'n datblygu mewn nifer o ffyrdd. Dyma wybodaeth am y newidiadau sy'n digwydd wrth i ni dyfu i fyny!

Y bore bach?

Rydym yn dalach yn y bore nag yn ystod y dydd. Y rheswm am hyn yw bod y cartilag, sy'n cysylltu ein hesgyrn yn cywasgu wrth i ni fynd o gwmpas ein pethau. Rydym yn tyfu tua 1 cm (0.4 modfedd) yn dalach ar ôl noson o gwsg.

Oes ots am smotiau?

Bydd y rhan fwyaf o bobl ifanc yn eu harddegau'n cael acne sy'n edrych fel plorod neu smotiau. Maent yn lympiau llawn crawn sy'n ymddangos ar y croen ac yn digwydd pan fydd tyllau bach o'r enw croendyllau'n cael eu llenwi â germau, olew a chroen marw. Mae'n gyffredin iawn ac yn rhan arferol o dyfu i fyny.

Blodeuo

Fy machgen bach!

Pan nad wyt ti wedi gweld perthynas am amser hir, un o'r pethau cyntaf maen nhw'n sylwi yw faint rwyt ti wedi tyfu. Gallai hyn fod oherwydd yr amser o'r flwyddyn y gwelon nhw ti ddiwethaf am fod plant yn tyfu'n gyflymach yn y gwanwyn!

Poenau

Nid dim ond arwydd dy fod wedi bod yn gwneud gormod o ddawnsio neu ymarfer corff yw coesau poenus. Mae poenau tyfu'n gyffredin iawn ymysg plant sy'n gwneud llawer o ymarfer corff rhwng 3 a 12 oed. Er y poen, mae'n arwydd dy fod yn tyfu.

AW!

Ergydion, crafiadau a chytiau – mae'n cyrff yn gyfarwydd â mynd trwy'r felin. Ar y tudalennau hyn gelli di ddysgu am yr holl bethau sy'n gwneud i ti ddweud "aw!"

Cwymp

Yr anaf fwyaf cyffredin ymysg plant yw cwympo. Ond er bod cwympo'n boenus, nid yw ar y rhestr o'r cyflyrau mwyaf poenus y gall pobl eu profi. Mae'r rhain yn cynnwys fferdod ysgwydd, asennau wedi cracio a niwralgia trigeminol sy'n teimlo, yn ôl y sôn, fel sioc drydanol i'r wyneb.

Llygad pob lliw

Pan rydym yn taro ein hunain gall cleisiau ymddangos. Mae gwaedlestri dan y croen yn torri ac mae gwaed yn dechrau dod allan. Gan ei fod dan y croen heb unman i fynd, mae marciau porffor neu las yn ymddangos ac yn dyner i'w cyffwrdd. Bydd lliw clais yn newid wrth i'r corff wella ei hunan.

Snap!

Gall esgyrn dorri pan mae pobl yn cwympo neu'n cael damweiniau. Gall fod yn boenus tu hwnt a gall yr asgwrn sydd wedi torri edrych yn gam. Mae meddygon yn defnyddio pelydr X i weld sut i drin toriadau, ac yna'n defnyddio castiau, wedi eu creu o rwymyn a gorchudd caled, i amddiffyn yr asgwrn wrth i'r corff wella ei hunan.

Dim poen

Mae ansensitifrwydd cynhenid i boen, neu CIP, yn gyflwr prin lle mae pobl yn methu teimlo poen. Er y gall hyn swnio fel peth da, gall fod yn rhywbeth anodd iawn i fyw gydag e, oherwydd y gallai pobl niweidio eu hunain yn ddrwg heb sylweddoli.

Gwylia!

CYSGA'N DAWEL

Mae cwsg yn swyddogaeth bwysig sy'n caniatáu i'n cyrff a'n meddyliau ddadflino, gwella a storio atgofion fel ein bod yn adfywio ac yn barod i weithredu ar ôl deffro. Mae faint o gwsg sydd eisiau arnom yn dibynnu ar ein hoed. Mae ar blant 5 i 12 oed angen tua 11 awr ac ar fabi angen gymaint â 15 awr!

Breuddwyd Ffôl

Gall breuddwydion fod yn hwyl, yn frawychus neu'n rhyfedd. Gall y rhan fwyaf o bobl gofio rhannau o'u breuddwydion ond mae hyd at 95 y cant o'n breuddwydion yn cael eu hanghofio'n fuan ar ôl i ni ddeffro. Mewn ymdrech i atal hyn, mae rhai pobl yn ceisio cofnodi eu breuddwydion mewn dyddiadur breuddwydion. Mae rhai hyd yn oed wedi eu troi'n llyfrau.

Noson hwyr

Gan ddechrau yn Rhagfyr 1963, arhosodd Randy Gardner oedd yn 17 oed yn effro am 11 diwrnod ar ôl ei gilydd gan geisio curo record flaenorol y byd. Ar ôl creu'r record cysgodd Randy am 14 awr cyn codi a mynd i'r ysgol y diwrnod wedyn. Gall hyn fod yn beryglus. Paid â'i drio!

Zzzzzzzz

Nid yw pobl sy'n cerdded yn eu cwsg bob amser yn cerdded, eistedd fyny yn y gwely mae rhai. Er bod eu llygaid ar agor fel arfer, nid yw'r rhai sy'n cerdded yn eu cwsg yn ymddwyn yn yr un ffordd ag y bydden nhw pe bydden nhw'n effro. Gall fod yn ddryslyd neu'n frawychus iddyn nhw os cant eu deffro.

Chwyrniad uchaf

Gall y fam-gu Jenny Chapman foddi synnau peiriant golchi, tractor, a thrên. Cofrestrwyd ei chwyrniad, oedd yn torri pob record, ar dros 111 desibel, sydd yr un peth â phe bai jymbo jet yn mynd dros dy dŷ.

Zzzzzzzz

Bydd yn dawel!

79

AGOR DY GEG

Mae dannedd yn dechrau datblygu cyn i ni gael ein geni, ac yn dechrau dod trwodd pan mae plant tua chwech i naw mis oed. Erbyn eu bod yn dair oed, bydd gan y rhan fwyaf o blant eu set lawn o 20 o ddannedd cyntaf, a fydd yn syrthio allan yn y pen draw a 32 o ddannedd parhaol yn dod yn eu lle.

Dannedd babi

Mae un ym mhob 2,000 o fabis yn cael eu geni gydag o leiaf un dant yn eu ceg yn barod. Cyrhaeddodd Sean Keaney o'r DU y newyddion yn 1990 pan gafodd ei eni gyda 12 dant. I osgoi problemau bwydo, fe'u tynnwyd. Tyfodd ei ail set rai blynddoedd wedyn.

Dannedd fel dur

Enamel dannedd yw'r sylwedd caletaf yn y corff dynol, ond ni all wella ei hunan fel y mae esgyrn yn gallu gwneud. Mae'n galetach na dur ond yn fwy bregus, sy'n golygu y gall gael ei dorri trwy gnoi gwrthrychau caled, neu trwy ddamweiniau. Gall gwyddonwyr ddod i wybod llawer am ein cyndadau trwy astudio dannedd sgerbydau hynafol.

Past blasus

Mintys yw blas mwyaf cyffredin past dannedd ond mae sawl un arall ar gael. Mae'r rhain yn cynnwys blas cacen, siocled mintys, pwmpen, bacwn a siarcol. Gallet ti hefyd ddechrau dy ddiwrnod drwy frwsio dy ddannedd gyda phast blas octopws.

Os frwshi di dy ddannedd am ddau funud, ddwywaith y dydd, yna fe fyddi di'n brwsio dy ddannedd am tua 24 awr bob blwyddyn.

EWINEDD ERCHYLL

Mae ewinedd wedi eu gwneud o geratin, sef yr un defnydd â charnau ceffylau a chyrn rhinoseros. Mae ewinedd ein dwylo'n tyfu'n araf sef tua 2.5 mm (0.1 modfedd) y mis. Mae ewinedd traed yn tyfu hyd yn oed yn arafach a gall colli un olygu aros am flwyddyn a hanner cyn iddo dyfu nôl yn llwyr.

Ffyngau Ffiaidd

Gall ffyngau ewinedd traed achosi i'r ewin fynd yn felyn neu'n frown a llawer yn fwy trwchus na'r arfer. Yn wahanol i gyflyrau eraill, nid yw'r cyflwr fel arfer yn mynd ar ei ben ei hun ac, os caiff ei adael heb ei drin, gallai achosi i'r ewin falu a dod i ffwrdd.

Celf ewinedd

Mae cael dy ewinedd neu ewinedd dy draed wedi eu paentio'n beth poblogaidd iawn ond mae rhai wedi mynd â chelf "paentio ewinedd" i lefel arall. Mae Rachel Betty Case yn artist sy'n defnyddio toriadau ewinedd traed i greu sgerbydau anifeiliaid bach, bach.

Gwledd o ewinedd

Mae cnoi ewinedd yn arferiad cyffredin, ond gall achosi salwch oherwydd y germau sydd o dan dy ewinedd. Hyd yn oed ar ôl i ti olchi dy ddwylo, gall bacteria, ffwng a burum barhau yno, gan fynd i mewn i dy geg.

Ar y llaw arall ...

Roedd yr ewinedd hiraf ar un llaw yn y byd yn perthyn i Shridhar Chillal, ac roedden nhw'n mesur cyfanswm o 909.6 centimetr (358 modfedd), tua'r un hyd a dau gar! Dim ond ewinedd ei law chwith dyfodd e gan gadw rhai'r llaw dde'n fyr fel y gallai barhau â'i waith fel ffotograffydd.

CLYWCH CLYWCH!

Mae ein clustiau'n cynnwys tair rhan: clust fewnol, canol ac allanol. Mae clustiau'n casglu synau, a'u hanfon wedyn i'r ymennydd. Gall pobl glywed ystod eang o synau ond, yn rhyfedd iawn, mae llawer o blant yn methu â chlywed eu rhieni'n gofyn iddyn nhw wisgo'u hesgidiau.

Y gwir am gŵyr

Mae gan gŵyr gludiog, sgleiniog a drewllyd waith pwysig i'w wneud wrth warchod ein clustiau. Gall helpu i ymladd haint ac atal gwrthrychau estron rhag mynd mewn i'r glust. Mae'n cynnwys celloedd croen marw, gwallt ac olew.

Clust golifflŵar

Gall pobl sy'n chwarae rygbi ddioddef o gyflwr o'r enw "clust golifflŵar". Yn sgil sgarmesau'r gêm, gall y clustiau gael eu taro a'u plygu nes eu gadael yn lympiog a chwyddedig.

Clustfeinio

Parp!

Gallwn glywed hyd yn oed pan fyddwn yn cysgu. Mae ein clustiau'n parhau i weithio, ond mae'n hymennydd yn hidlo synau allai fel arall ein deffro. Gall synau uchel dy ddeffro, fel ergyd uchel neu rywun yn taro rhech.

Fel ffair

Os wyt ti erioed wedi teimlo'n sâl ar reid mewn ffair yna efallai mai'r glust fewnol sydd ar fai. Mae'r glust fewnol yn cynnwys hylif sy'n anfon gwybodaeth i'n hymennydd am symudiadau a chydbwysedd. Pan gaiff yr hylif yma ei daflu o gwmpas gall dy ymennydd dderbyn negesuon dryslyd sy'n golygu y gallet ti ddechrau teimlo'n sâl.

FFEITHIAU RHYFEDD

Mae nifer o bethau rhyfedd a rhyfeddol yn digwydd o dy gwmpas di. Dyma rai ffeithiau cyflym sy'n siŵr o wneud i ti ddweud "Ych!"

Gwiddon bach

Mae gan y rhan fwyaf o bobl widdon bach sy'n byw ar flew eu hamrannau. Mae'r creaduriaid microsgopaidd yn bwydo ar gelloedd croen marw ar flew ein hamrannau a'n hamrannau.

Ffôn ffiaidd

Mae gwyddonwyr ym Mhrifysgol Arizona wedi darganfod bod dy ffôn symudol yn gartref i 10 gwaith yn fwy o facteria na sedd dy dŷ bach!

Ych-a-fi!

Mae pobl sy'n byw ac yn bwyta gyda'i gilydd yn arogli'r un fath. Mae hynny'n golygu y bydd dy rechod yn arogli'n debyg i rai aelodau dy deulu! Cymer anadl ddofn!

Dillad glân

Mae'n poer yn cynnwys ensym sy'n chwalu ein bwyd. Yr un ensym sy'n cael ei ddefnyddio mewn powdr golchi i dynnu staeniau o ddillad. Mae ensymau'n bethau sy'n cyflymu adweithiau cemegol.

Does dim angen eu golchi nawr.

HEN HANES

Mae newidiadau'n digwydd tu fewn a thu allan i'n cyrff wrth i ni heneiddio. Dyma rai o'r pethau y gelli di ddisgwyl wrth i ti fynd yn hŷn.

Newidiadau mawr

Wrth i ti heneiddio, mae dy glustiau a dy drwyn yn mynd yn fwy. Un o'r prif resymau am hyn yw disgyrchiant, sy'n achosi iddyn nhw fynd yn fwy llipa.

Byrhau

Wrth i ni heneiddio, mae'n cyrff yn colli calsiwm, mwyn sy'n bwysig i iechyd esgyrn, gan eu gwneud yn fwy bregus a thebygol o dorri. Mae'r esgyrn yn ein cefnau'n mynd yn deneuach a'r disgiau meddal rhyngddyn nhw'n mynd yn llai. Mae hyn yn lleihau'n taldra cyffredinol felly erbyn 70 oed, gallen ni fod wedi colli dros 2.5 centimetr (1 fodfedd).

Mae blasbwyntiau'n dda am adnewyddu eu hunain bob wythnos neu ddwy. Ond wrth i ni fynd yn hŷn, mae'n blasbwyntiau'n rhoi'r gorau i hyn ac mae'n mynd yn fwy anodd gwahaniaethu rhwng blasau gwahanol. Efallai mai dyma pam mae dy fam-gu a dy dad-cu'n gallu bwyta tsili poeth.

Dim chwys

Mae ymchwilwyr wedi darganfod bod ein chwarennau chwys yn crebachu wrth i ni fynd yn hŷn, felly tra dy fod ti'n domen o chwys ar ôl rhedeg, efallai bod dy fam-gu braidd yn chwysu o gwbl.

DYSGU AM EIN DWYLO

Mae ein dwylo yn ein galluogi i wneud ystod o dasgau cymhleth fel cydio, codi ac ysgrifennu. Mae gan y rhan fwyaf o bobl ddwy law a phum bys ar bob un. Heb ddwylo, ni fyddem yn gallu procio, pwnio, pigo ein trwynau na phwyntio at ein hoff ffeithiau afiach ar y dudalen hon!

Gorchmynodd yr ymerawdwr Julius Caesar i fodiau ymladdwyr oedd wedi eu dal gael eu torri i ffwrdd fel na allent gydio mewn arfau.

Ffeithiau wrth law

Mae'n dwylo wedi eu gorchuddio â bacteria. Dengys ymchwil y gall bacteria oroesi ar ein dwylo am hyd at dair awr a bod dwylo llaith yn lledaenu 1,000 gwaith yn fwy o germau na dwylo sych. Gan fod 80 y cant o germau sy'n achosi salwch yn cael eu lledaenu gan y dwylo, mae'n bwysig golchi dy ddwylo'n gyson â sebon a dŵr.

Aw!

Bob blwyddyn yn yr Unol Daleithiau, mae tua 30,000 o bobl yn gael eu brysio i'r ysbyty am eu bod wedi torri bys i ffwrdd yn ddamweiniol. Teclynau pŵer a drysau sydd ar fai yn aml.

Troi ei law

Enillodd Antton Puonti gystadleuaeth dalent genedlaethol yn y Ffindir drwy ddefnyddio ei ddwylo i wneud synau rhech. Llwyddodd gyda pherfformiad gwichlyd o *Happy Xmas (War Is Over)* gan John Lennon, ac enillodd wobr o £25,000.

CAMPAU CADAIR

Mae'r corff yn anhygoel. Does dim angen gwneud gymnasteg na thin-dros-ben, gelli di roi cynnig ar y triciau hyn yn dy gadair, y funud hon.

Edrych yn ofalus

Mae twyll llygaid yn digwydd pan gaiff y negeseuon rhwng ein hymennydd a'n llygaid eu cymysgu. Gall delweddau a welir mewn un ffordd eu gweld hefyd mewn ffordd arall. Dyma un twyll enwog, a welwyd am y tro cyntaf yn 1892. Beth weli di? Hwyaden neu gwningen?

Prawf cryfder

Wyt ti erioed wedi clywed y term "heb godi bys"? Mae fel arfer yn cyfeirio at bobl ddiog ... ond rho gynnig ar hwn! Plyga dy fys canol a rho'r rhan plygedig ar fwrdd. Gosoda weddill dy fysedd fel eu bod yn cyffwrdd y bwrdd hefyd ac yna coda nhw un ar y tro. Gelli di godi dy fawd, dy fys bach a dy fynegfys ond bydd dy fys modrwy'n amhosibl ei godi!

Tasg amhosibl??

Gall ein cyrff wneud amrywiaeth o bethau anhygoel, ond dim ond hyn a hyn o bethau sy'n bosibl. Ceisia gyffwrdd â dy benelin. Hawdd? Ydy, os wyt ti'n defnyddio llaw'r fraich arall. Ceisia gyffwrdd â dy benelin dde â dy law dde. Amhosibl?

Hyfforddi'r ymennydd

Gellir hyfforddi'r ymennydd trwy ddefnyddio set o weithgareddau wedi eu cynllunio i wella perfformiad dy ymennydd. Mae tystiolaeth wyddonol yn amrywio ynglŷn â pha mor effeithiol y gall fod ond mae llawer o'r gweithgareddau'n hwyl. Edrycha ar y gwrthrychau isod am 20 eiliad. Cuddia nhw gyda dy law. Faint alli di eu cofio?

NERFAU

Mae'r system nerfol yn rheoli popeth rydym yn ei wneud, gan gynnwys meddwl, symud, ac anadlu. Mae'n cynnwys ein hymennydd, llinyn ein cefn, a nerfau sy'n helpu i fynd â negeseuon nôl a blaen rhwng yr ymennydd a gweddill ein corff. Mae gennym dros saith triliwn o nerfau sy'n creu tua 145,000 kilometr (90,000 milltir) o lwybrau. Anhygoel!

Dim dewis

Os rydym yn curo ein dwylo neu'n codi rhywbeth, rydym yn meddwl ac yn dewis gwneud y pethau hyn. Ond, mae rhan o'n system nerfol yn hunanreolus sy'n golygu ein bod yn gwneud rhai pethau heb feddwl. Mae hyn yn cynnwys anadlu, treulio bwyd a glafoerio.

Mynd ar dy nerfau!

Beth sy'n mynd ar dy nerfau? Dyna ymadrodd y gallet ti fod wedi ei glywed gan dy rieni neu ffrindiau. Ond beth yw'r ateb? Mae gwyddonwyr wedi ymchwilio i hyn trwy chwarae amrywiaeth o synau a gofyn i bobl ddweud pa rai oedd yn mynd dan eu croen. Dyma rai o'r pethau annifyr:

Chwyrnu

Gwneud sŵn uchel wrth fwyta a chnoi

Larwm car

Cyllell yn crafu ar botel

Pinnau bach

Defnyddir pinnau bach i ddisgrifio'r teimlad pigog a gawn yn ein dwylo, coesau a thraed. Mae'n digwydd pan fydd y cyflenwad gwaed i'n nerfau yn cael ei dorri, fel arfer ar ôl cysgu ar y rhan yna o'n corff.

BOD YN GEFN

Nid yw ein hasgwrn cefn yn un asgwrn hir ond yn 30 o esgyrn sy'n ein galluogi i blygu, troelli a throi. Mae'r asgwrn cefn yn dal ein pwysau ac yn cario nerfau sy'n cysylltu ein hymennydd â gweddill ein corff.

Yng ngyddfau ein gilydd

Mae ein gyddfau'n cynnwys nifer o esgyrn – yr un faint â gwddf jiráff! Y gwahaniaeth fodd bynnag, yw maint yr esgyrn. Mae pob asgwrn yng ngwddf y jiráff yn mesur hyd at 25 centimetr (10 modfedd), ond mae asgwrn gwddf person yn mesur 7 milimetr (0.28 modfed). Mae gwddf jiráff sy'n 1.8 metr (6 troedfedd), yn dalach na rhai oedolion.

Plygu i'r drefn

Mae asgwrn ein cefn yn fwy hyblyg na'r disgwyl, ond mae gan rai pobl asgwrn cefn sy'n hynod o hyblyg. Mae ystumwyr yn arbennig o hyblyg a gall rhai wneud saethyddiaeth gyda'u traed, gan ddal bwa a saeth gyda'u traed, cyn saethu dros eu pennau at darged tra eu bod yn sefyll ar eu pen. Peidiwch â thrio hyn gartref!

Digon o ofod

Mae gofodwyr sy'n dychwelyd o deithiau i'r gofod yn dalach nag yr oedden nhw pan adawon nhw. Mae hyn oherwydd y diffyg disgyrchiant yn y gofod sy'n caniatáu i ddisgiau yn yr asgwrn cefn i ehangu. Nid yw'r effeithiau'n parhau'n hir fodd bynnag, a byddan nhw'n mynd yn ôl i'w maint cywir.

CWSG YN DAWEL

Mae marwolaeth yn rhywbeth parhaol ac mae'n digwydd i bopeth byw, gan gynnwys pobl. Nid yw pethau marw'n bwyta, cysgu nac anadlu ond nid yw hyn yn eu hatal rhag bod yn ffiaidd!

Newidiadau

Ar ôl marw, mae'r corff yn mynd trwy broses gyfan o bydru. Gallai ymddangos fel bod y gwallt a'r ewinedd yn tyfu ond mewn gwirionedd y croen sy'n sychu ac yn crebachu.

Dal i fynd

Am hyd at dair awr ar ôl marw, mae corff pobl yn gallu torri gwynt. Gall unrhyw aer sydd ar ôl yn y corff gael ei ryddhau a gwneud i dannau'r llais ddirgrynnu gan achosi i'r corff ochneidio a griddfan.

Cryonig yw'r arferiad pan fydd pobl, cyn marw, yn talu i gael eu gweddillion wedi'u rhewi mewn siambrau arbennig, yn y gobaith y gallan nhw ddod nôl yn fyw yn y dyfodol. Caiff cemegau arbennig na fyddai'n niweidio'r celloedd, fel y byddai iâ yn ei wneud, eu gosod yn lle gwaed y person marw.

Ffermio ...

Mae rhai pobl yn penderfynu rhoi eu cyrff i "ffermydd cyrff", sef labordai awyr agored lle gall gwyddonwyr astudio sut mae cyrff yn pydru mewn sefyllfaoedd gwahanol. Gall y canlyniadau helpu'r heddlu gydag archwiliadau troseddol.

LLYSNAFEDD

Mae mwcws i'w gael mewn gwahanol leoedd ar ein cyrff, gan gynnwys ein ceg, ysgyfaint a pherfedd. Mae snot yn rhyw fath o fwcws, ond nid yr unig un. Ar y dudalen hon, cewch chi wybod popeth am y stwff gludiog ych-a-fi!

Trwch

Gall mwcws fod yn ddiferllyd neu'n drwchus. Gall mwcws trwchus sydd fel jeli fod yn arwydd bod yr aer yn sych neu fod gen ti haint bacterial. Mae rhai pobl sy'n teimlo'n anwydog yn dewis defnyddio 'pot neti'. Mae'n golygu arllwys cymysgedd o halen a dŵr i fyny un ffroen a'i adael i lifo drwy'r llall gan ddod â llysnafedd gydag e.

Ffrwyth sy'n bwyta dyn

Os wyt ti am glirio mwcws, yna gallai bwyta pinafal fod yn ateb. Mae gan yr ensymau yn y sudd nodweddion anenynnol, sy'n chwalu mwcws ac yn helpu rhai i'w beswch i fyny yn haws. Fodd bynnag, mae'r union ensymau hynny sy'n chwalu protinau'n gwneud yr un peth i'n cegau a dyna pam mae gan ein tafodau deimlad pefriog ar ôl bwyta llawer o binafal – mae'n ein bwyta ni nôl mewn ffordd!

Holi perfedd

Mae ein perfedd yn llawn bacteria ac mae angen i ni gadw'r rhai da er mwyn aros yn iach. Yn ffodus, mae celloedd ein perfedd yn cynhyrchu imiwnoglobinau, sy'n gorchuddio bateria da ac yn eu gwneud yn ludiog. Mae gwyddonwyr yn credu bod y bacteria gludiog wedyn yn cael eu cadw'n ddiogel yn y perfedd.

Gyda'n gilydd yn gryfach!

Ar y we

Bydd ffans Spider-Man yn falch o wybod bod gwyddonwyr wedi astudio anifeiliaid sy'n dringo er mwyn gweld sut y gall pobl wneud yr un fath. Yn anffodus, breuddwyd gwrach fyddai hyn. Er mwyn bod fel pry copyn, byddai rhaid i ni fod wedi ein gorchuddio mewn padiau gludiog o'n corun (neu'n corryn!) i'n sawdl.

PERTHNASOL

Mae geneteg yn astudiaeth o sut rydym yn etifeddu nodweddion neu briodweddau ein rhieni. Gall gwyddonwyr hefyd ddefnyddio'r DNA yn ein genynnau er mwyn astudio ystod eang o greaduriaid byw a sut maen nhw wedi esblygu dros amser. Mae rhai astudiaethau'n cysylltu pobl â phethau annisgwyl iawn.

Tsimpansî

Mae dros 98 y cant o DNA pobl yn cael ei rannu gyda'r tsimpansî. Maen nhw'n gallu defnyddio offer, yn gallu mynegi eu hun drwy ystumiau wyneb, a hyd yn oed ddefnyddio planhigion i wella salwch stumog. Maen nhw hyd yn oed wedi dysgu iaith arwyddo a'i defnyddio ar gyfer geiriau drwg!

Cath od

Os wyt ti'n hoffi bod yn yr haul, yfed llaeth neu chwarae gyda pheli o wlân, mae astudiaeth o 2007 yn cynnig esboniad. Darganfyddodd gwyddonwyr bod tua 90 y cant o'n genynnau'n cael eu rhannu gyda chathod anwes.

Ydyn ni'n perthyn?

Nana Banana

Nid gydag anifeiliaid yn unig yr ydym yn rhannu ein DNA. Mae gwyddonwyr wedi darganfod ein bod yn perthyn i nifer o ffrwythau a llysiau, gan gynnwys madarch a letys. Mae astudiaeth bellach hefyd yn awgrymu ein bod yn rhannu dros 25 y cant o'n DNA gyda banana.

Perthynas hŷn

Pwy yw'r person hynaf yn dy deulu? Mae gwyddonwyr wedi darganfod yr "hynafiad dynol hynaf". Cafodd y creadur 540 miliwn mlwydd oed ei ddarganfod yng nghanol Tsieina ac mae'n dangos y camau esblygu cynharaf tuag at fodolaeth dyn. Tua 1 milimetr (0.04 modfedd) oedd ei faint a chredir iddo fod wedi byw rhwng gronynau tywod ar wely'r môr.

Helô, bach. Yn dwyt ti wedi tyfu?

CERRIG CAS

Gall cerrig bustl a cherrig yr arennau ymddangos mewn amrywiaeth o liwiau a meintiau a gallan nhw fod yn boenus hefyd! Maen nhw'n cael eu creu wrth i gemegau a mineralau penodol gronni a gallan nhw fod mor fach â gronyn o dywod neu mor fawr a phêl golff.

Craig o ddyn

Vilas Ghuge gafodd y fraint o gael carreg yr arennau fwyaf y byd wedi ei thynnu o'i gorff yn 2004. Roedd y garreg yn mesur 13 centimetr (5 modfedd), sydd mor hir ag ysgrifbin. Cafodd ei thynnu o aren Ghuge ac roedd yn fwy na'r aren ei hun.

Cadwodd yr awdur enwog Samuel Pepys un o'i gerrig yr arennau fel cofrodd.

Dyfal donc

Mae cerrig bustl yn cael eu cynhyrchu yn y goden fustl ac yn ffurfio lympiau caled fel cerrig crynion. Caiff cerrig yr arennau eu cynhyrchu yn yr arennau ac maen nhw'n fwy tebyg i risial. Er bod rhaid tynnu rhai cerrig gan feddygon, bydd rhai pobl yn pasio cerrig bustl llai o faint yn eu carthion, a cherrig yr arennau yn eu pi-pi. Don Winfield o Ganada sydd â'r record am y mwyaf o gerrig a basiwyd mewn pi-pi, gyda dros 6,500 yn dod allan dros gyfnod o 22 o flynyddoedd!

Oes y cerrig

Yn 2019, fel rhan o arddangosfa yn yr Amgueddfa Wyddoniaeth yn Llundain, roedd amgueddfa cerrig bustl a cherrig yr arennau lle gallai ymwelwyr ryfeddu at amrywiaeth o gerrig a dynnwyd o gleifion.

DROS BEN

Mae pobl wedi esblygu dros filoedd o flynyddoedd. Yn ystod yr amser hwnnw, mae rhannau o'n cyrff oedd yn ddefnyddiol ar un adeg bellach heb ddefnydd iddyn nhw. Dyma ragor o wybodaeth am ddarnau sydd dros ben a phethau diflanedig!

Cefnddannedd

Yn sgil deiet o wreiddiau caled a chig heb ei goginio, roedd ar ein cyndadau angen go iawn am gefnddannedd. Y dyddiau hyn, nid oes eu hangen arnom gan fod ein cegau'n llai, felly mae rhai pobl yn eu tynnu. Mae eu cadw yn golygu bod rhaid i ti dreulio mwy o amser yn brwsio dy ddannedd!

Coluddyn Crog

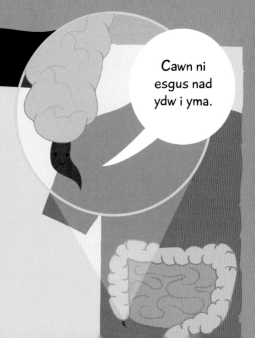

Cawn ni esgus nad ydw i yma.

Mae'r coluddyn crog yn diwb bach, cul yng ngwaelod y stumog. Er bod rhai gwyddonwyr yn dweud ei fod yn ddefnyddiol ar gyfer bacteria yn ein perfedd, gall problemau gyda'r coluddyn crog achosi problemau iechyd difrifol. Mae'n berffaith bosibl ei gael wedi ei dynnu a pheidio sylwi ar unrhyw wahaniaeth.

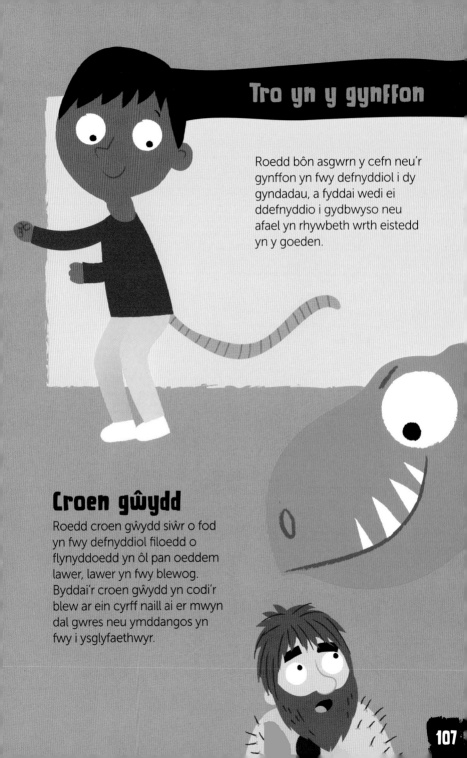

Roedd bôn asgwrn y cefn neu'r gynffon yn fwy defnyddiol i dy gyndadau, a fyddai wedi ei ddefnyddio i gydbwyso neu afael yn rhywbeth wrth eistedd yn y goeden.

Croen gŵydd

Roedd croen gŵydd siŵr o fod yn fwy defnyddiol filoedd o flynyddoedd yn ôl pan oeddem lawer, lawer yn fwy blewog. Byddai'r croen gŵydd yn codi'r blew ar ein cyrff naill ai er mwyn dal gwres neu ymddangos yn fwy i ysglyfaethwyr.

SIART PW

Gall pw fod yn ddiferol, lympiog neu lyfn, a gall ddweud llawer am dy iechyd. Ddiwedd y 1990au, datblygodd arbenigwyr yn Ysbyty Brenhinol Bryste siart i ddisgrifio'r holl wahanol fathau o bw.

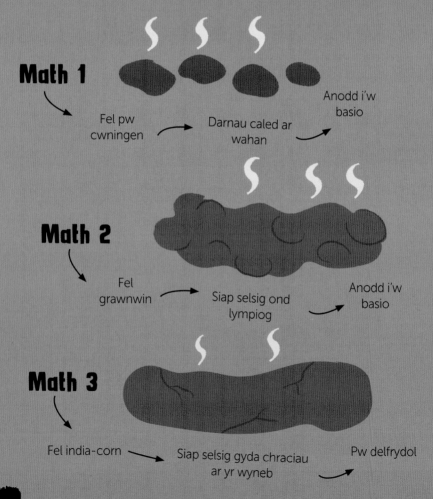

Math 1

Fel pw cwningen → Darnau caled ar wahan → Anodd i'w basio

Math 2

Fel grawnwin → Siap selsig ond lympiog → Anodd i'w basio

Math 3

Fel india-corn → Siap selsig gyda chraciau ar yr wyneb → Pw delfrydol

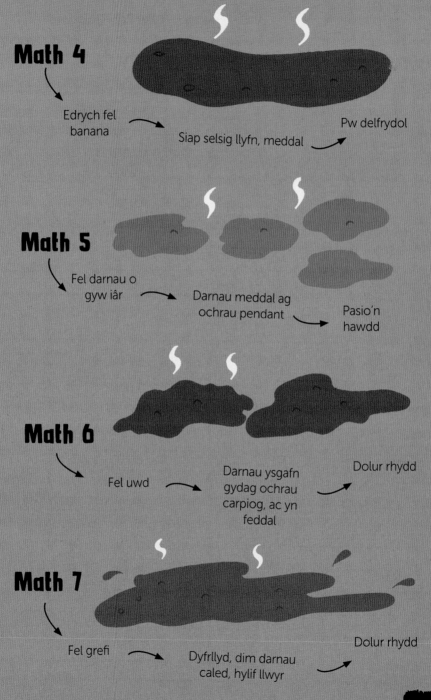

Math 4

Edrych fel banana → Siap selsig llyfn, meddal → Pw delfrydol

Math 5

Fel darnau o gyw iâr → Darnau meddal ag ochrau pendant → Pasio'n hawdd

Math 6

Fel uwd → Darnau ysgafn gydag ochrau carpiog, ac yn feddal → Dolur rhydd

Math 7

Fel grefi → Dyfrllyd, dim darnau caled, hylif llwyr → Dolur rhydd

BLE MAEN NHW'N MYND?

Defnyddia dy fys i baru rhannau'r corff gyda'u lleoliad yn y llun

1. **Aren**
2. **Afu**
3. **Stumog**
4. **Calon**
5. **Ymennydd**
6. **Ysgyfaint**

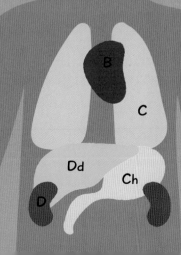

Alli di baru enwau'r organau gyda'u disgrifiadau byr? Defnyddia dy fys.

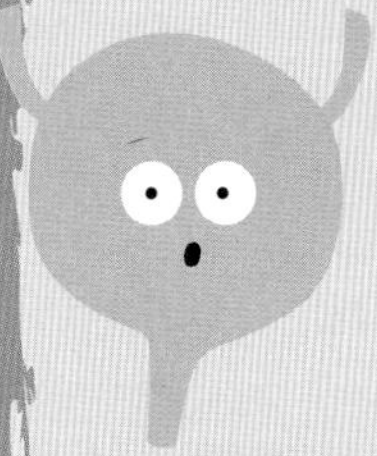

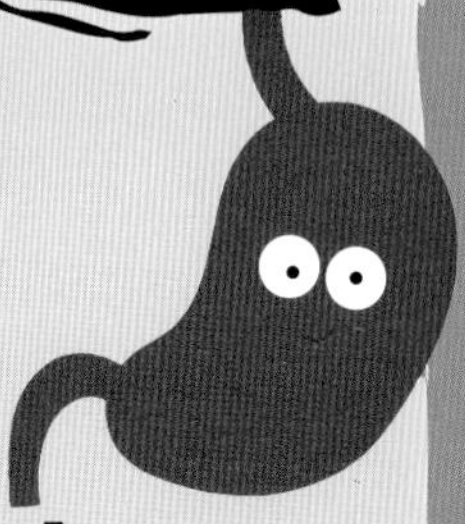

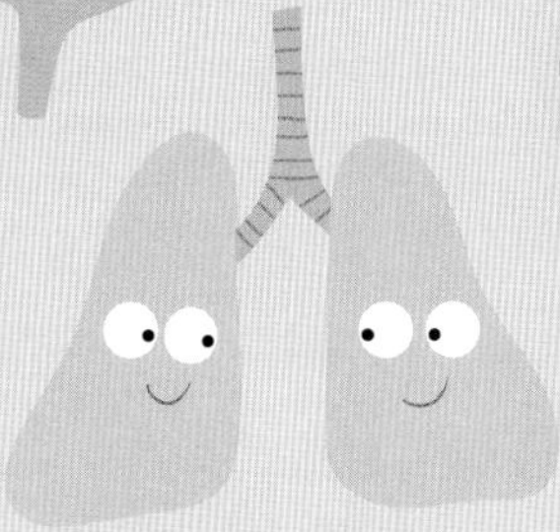

PA ORGANAU?

1. **Pledren**

2. **Stumog**

3. **Ysgyfaint**

4. **Calon**

5. **Ymennydd**

6. **Croen**

A Dwi'n dy orchuddio

B Dwi'n llenwi â pi-pi

C Rwyt ti fy angen i anadlu

Ch Dwi'n pwmpio gwaed o gwmpas y corff

D Dwi'n treulio dy fwyd

Dd Dwi'n rheoli popeth

GWIR NEU GAU

1 Ni all yr ymennydd deimlo poen.

2 Mae'r ewinedd yn dal i dyfu ar ôl i ni farw.

3 Rydym yn rhechain digon o nwy mewn diwrnod i lenwi balŵn.

4 Rydym yn dalach yn y bore na gweddill y dydd.

5 Mae mwstásh hiraf y byd yn 40 metr (131 troedfedd).

Alli di ddod o hyd i ffordd drwy ddrysfa'r ymennydd? Defnyddia dy fys i ddilyn y llwybr i'r diwedd.

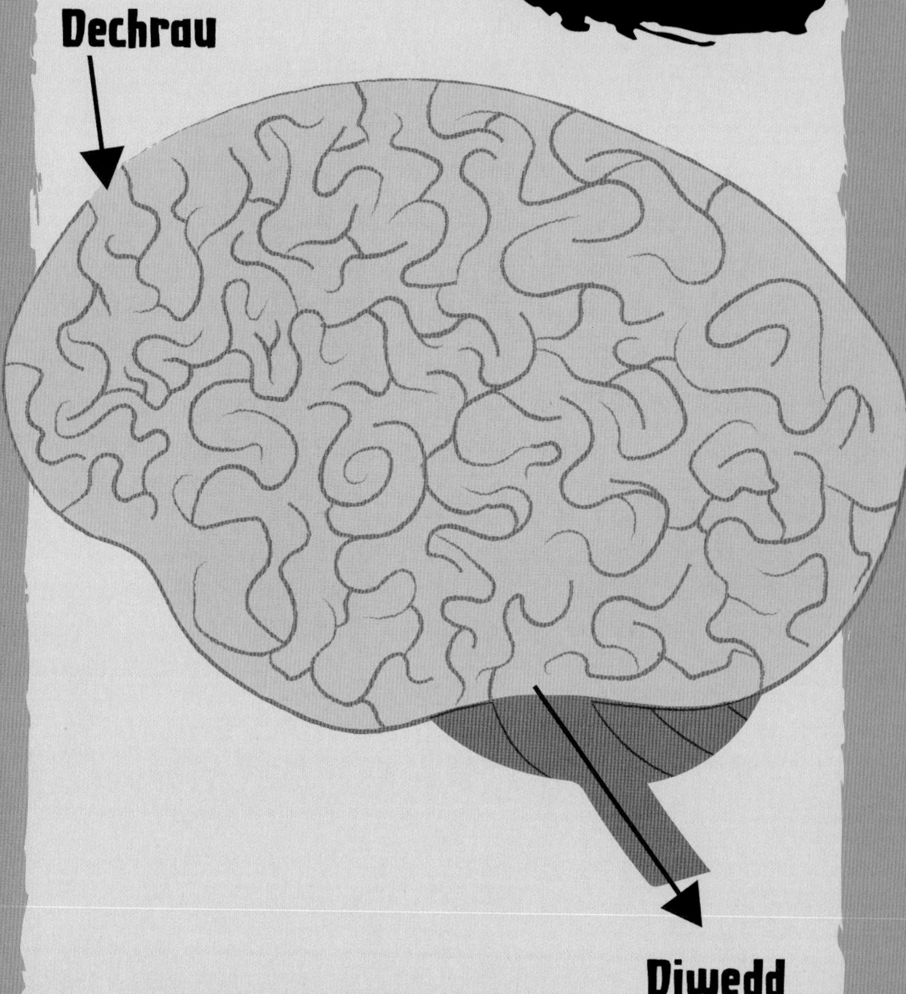

DRYSFA'R YMENNYDD

Dechrau

Diwedd

TWYLL LLYGAID

Edrycha'n ofalus ar y twyll llygaid hwn. Beth weli di?

1 Pa sgwariau sydd fwyaf — y rhai du neu wyn?

2 Pa fwa sydd fwyaf?

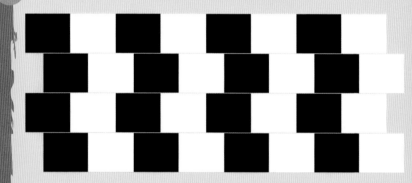

3 Ydy'r cylch yn y canol yn fwy yn llun A neu B?

A

B

4 Ble mae hwn yn dechrau a gorffen?

5 Pa gymeriad yw'r talaf?

A

B

C

AMSER YMATEB

Darllena ran gyntaf pob stori isod ac yna pwyntia at yr wyneb a fyddai'n disgrifio dy ymateb orau. Yna darllena'r ail ran. Wyt ti'n dewis wyneb gwahanol ar ôl darllen yr ail ran?

Nest ti ollwng dy ginio ar y llawr ...

Bresych oer a llysnafedd wedi ffrio oedd dy ginio.

Rwyt ti yn dy barti pen-blwydd ...

Mae rhywun wedi bwyta'r fisged olaf roeddet ti'n ei llygadu.

Mae gen ti bâr o esgidiau rhedeg newydd ...

Ond rwyt ti newydd sefyll mewn baw ci.

Rwyt ti newydd dderbyn gwaith cartref ychwanegol …

I drio gêm gyfrifiadur newydd.

Enillaist ti arian mewn cystadleuaeth …

Cystadleuaeth 'Rhech fwyaf ddrewllyd y byd.'

Hapus

Wedi ffieiddio

Trist

Crac

Wedi cyffroi

Beth am greu dy straeon dy hunan nawr a chwarae gyda ffrind?

BETH YW'R GWAHANIAETH

Alli di weld y 10 gwahaniaeth rhwng y lluniau hyn? Pwyntia atyn nhw gyda dy fys!

Rwyt ti wedi darllen y llyfr, nawr beth am weld pa ffeithiau rhyfedd a rhyfeddol rwyt ti wedi eu dysgu!

CWIS DIWEDD Y LLYFR

1 Yn ystod ein bywydau, faint o boer ydyn ni'n ei gynhyrchu?

A   2 lond bath
B   100 llond bath
C   27 llond bath
Ch 50 llond bath

2 Faint o esgyrn sydd yn dy gefn?

A   20
B   5
C   60
Ch 30

3 Pa un o'r rhain sy'n mynd yn fwy wrth i ti heneiddio?

A   Dy glustiau
B   Dy dafod
C   Dy ben ôl
Ch Dy ymennydd

4 Pa un o'r rhain sy'n glefyd go iawn?

A   Brech buwch
B   Twymyn afanc
C   Syndrom ceffyl
Ch Annwyd asyn

5 I ba fwyd mae ein hymennydd yn debyg?

A   Menyn pysgnau
B   Hufen iâ
C   Jeli
Ch Cacen

CESEILIO

Mae nifer o bobl ifanc yn eu harddegau ac oedolion yn gwisgo diaroglyddion er mwyn arogli'n dda. Mae amrywiaeth o arogleuon yn cynnwys arogl pizza, bacwn a choffi.

Dychmyga dy fod yn cynllunio diaroglydd newydd.

Cer i nôl darn o bapur a chreu hysbyseb i werthu dy gynnyrch newydd.

Beth fyddet ti'n ei alw?

Sut fyddai'n arogli?

Meddylia am enw da a slogan atyniadol!

Paid anghofio cynllunio'r pecyn!

ATEBION

Ble maen nhw'n mynd?

1=D, 2=Dd, 3=Ch, 4=B, 5=A, 6=C

Pa organ

1=B, 2=D, 3=C, 4=Ch, 5=Dd, 6=A

Gwir neu Gau

1 = GWIR! Nid oes gan yr ymennydd dderbynyddion poen.

2= GAU! Efallai ei fod yn edrych fel pe baen nhw'n tyfu ond mae'r croen o'u hamgylch yn crebachu.

3 = GWIR! Ar gyfartaledd, rydym yn rhechian 14 gwaith y dydd.

4 = GWIR! Mae'r cartilag yn ein hasgwrn cefn yn lleihau yn y dydd ond yn dychwelyd i'w faint arferol pan fyddwn yn cysgu.

5 = GAU! Mae'n 4 metr (13 troedfedd) o hyd.

Drysfa ymennydd

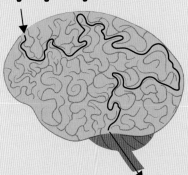

Twyll llygaid

1 = Mae'r ddau yr un peth!

2 = Mae'r ddau yr un peth!

3 = Mae'r ddau yr un peth!

4 = Does dim dechrau na diwedd.

5 = Maen nhw i gyd yr un peth!

Beth yw'r gwahaniaeth?

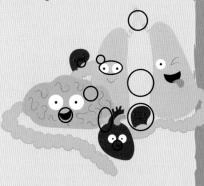

Cwis diwedd y llyfr!

1 = Ch, 50 llond bath

2 = Ch, 30

3 = A, dy glustiau

4 = B, Twymyn afanc

5 = C, Jeli

GEIRFA

asid
Sylwedd sy'n toddi pethau

bacteria
Pethau bach byw sy'n gallu byw ar ein cyrff. Gall rhai mathau o facteria fod yn niweidiol.

cartilag
Meinwe gwydn a hyblyg sy'n bennaf yn helpu cysylltu esgyrn

celloedd
Darnau bach iawn o fater byw sy'n creu'r corff dynol

cemegau
Sylwedd a gaiff ei greu pan fydd dau neu fwy o sylweddau'n adweithio

ceratin
Deunydd sy'n ffurfio ein hewinedd a gwallt

cryonig
Ffordd o gadw cyrff marw ar dymheredd oer iawn

chwarennau
Rhannau o'r corff sy'n creu gwahanol gemegau

derbynnydd
Rhan o'r corff sy'n casglu gwybodaeth

desibel
Unedau a ddefnyddir i fesur lefelau sŵn

DNA
Cemegyn sy'n cadw'r holl wybodaeth am sut mae'n cyrff yn tyfu a gweithio

ensym
Sylwedd sy'n rheoli cyflymdra adweithiau biocemegol

esblygol
Proses o sut mae pethau byw wedi datblygu dros amser

firws
Peth bach, o'r tu allan i'r corff, sy'n ymosod ar gelloedd

ffosil
Gweddillion anifail neu blanhigyn cynhanesyddol

germau
Bacteria neu firysau

haint
Pan mae firws neu facteria'n mynd mewn i'r corff a dy wneud di'n sâl

heintus
Pan mae rhywbeth yn lledaenu'n hawdd

maetholion
Cemegau sydd mewn bwyd sydd eu hangen ar y corff er mwyn tyfu ac adnewyddu

meinwe
Grŵp o gelloedd sy'n edrych ac yn ymddwyn yr un fath

mwcws
Hylif trwchus, gludiog

nerf
Ffibr sy'n cario negeseuon i'r ymennydd

ocsigen
Y nwy sydd angen i ni anadlu er mwyn aros yn fyw

plasma
Hylif melyn sy'n rhan o'r gwaed

platennau
Celloedd bach iawn sy'n helpu dy waed i geulo

pydru
Proses sy'n digwydd i bethau byw ar ôl marw.

tocsinau
Cemegau peryglus

toriadau
Esgyrn wedi torri

torri
Pan fydd rhaid torri rhan o gorff rhywun am resymau meddygol

wedi sychu
Pam na fydd y corff yn cael digon o ddŵr i weithredu'n iawn

wrin
Yr enw gwyddonol am bi-pi

MYNEGAI

Rh

rhechod 26, 34–35, 45, 49, 87, 91, 98

rhewi cyrff 99

rhydwelïau 36

S

salwch 20–21, 38

seliwlos 41, 122

sgerbwd 6, 42

stumog 7, 14, 20

syndrom pen ôl marw 62

synau 84, 95

synau, clywed 47

synhwyrau 46–47

system nerfol 57, 94–95

T

tafod 29, 46, 100

tanau, pŵ sy'n llosgi 41

tannau'r llais 98

tisian 52-53

toriadau 77, 123

torri coes neu fraich 12, 91, 122

torri esgyrn 43, 77, 123

torri gwynt 28, 98

traed 16–17, 66, 67, 72

traul 14–15, 44

trwyn 22–23, 33, 52–53, 88, 100

trydan 11, 69

tsimpansîs 72, 102

twyll llygaid 92

twymyn afanc 61

tyfu 74–75

W

wedi sychu 19, 122

winwns, a chrio 51

wrin 10–11, 58–59, 71, 105, 123

Y

ymarfer corff 19, 49, 63

ymennydd 7, 64–65, 68–69

ysgyfaint 7, 37

ystumwyr 97

Cynhyrchwyd i DK gan Collaborate Agency
Awdur a darlunydd Kev Payne
Ymgynghorydd Dr Bipasha Choudhury
Golygydd Abi Luscombe
Uwch olygydd Celf Elle Ward
Rheolwr-olygydd Laura Gilbert
Cydlynudd y siaced Isobel Walsh
Rheolwr cyhoeddi Francesca Young
Uwch olygydd cynhyrchu Rob Dunn
Uwch rheolwr cynhyrchu Inderjit Bhullar
Dirpwry gyfarwyddwr celf Mabel Chan
Cyfarwyddwr cyhoeddi Sarah Larter

Cyhoeddwyd gan Rily Publications 2022
Rily Publications Ltd, Blwch Post 257, Caerffili CF83 9FL

Hawlfraint yr addasiad © Rily Publications Ltd 2022
Addasiad gan Mari George

Cyhoeddwyd gyntaf yn 2021 dan y teitl
Gross and Ghastly Human Body, gan Dorling Kindersley Limited
One Embassy Gardens, 8 Viaduct Gardens, London, SW11 7AY
Hawlfraint © 2021 Dorling Kindersley Limited
Cwmni Penguin Random House

Mae cofnod catalog CPI ar gyfer y llyfr hwn ar gael o'r Llyfrgell Brydeinig.

ISBN: 978-1-84967-638-0
Argraffwyd yn China

Mae'r cyhoeddwr yn cydnabod cefnogaeth
ariannol Cyngor Llyfrau Cymru.

rily.co.uk
www.dk.com

CYMYSGEDD
Papur o
ffynonellau cyfrifol
FSC® C018179

Cynhyrchwyd ar bapur o fforestydd
y Forest Stewardship Council™.

I Dad, am danio fy niddordeb
ym mhob ffaith ffiaidd!

Diolch arbennig i Lauren am ei gwaith
rhyfeddol ar y dyluniadau.

~ K.P.